T0042936

Empieza, sigue o déjalo

Empieza, sigue o déjalo

EL ARTE DE TOMAR DECISIONES

TREY GOWDY

Traducción de Juan Luis Delmont

Penguin
Random House
Grupo Editorial

Título original: *Start, Stay or Leave*
Esta edición es publicada bajo acuerdo con Crown Forum, sello editorial de Random House,
una división de Penguin Random House LLC

Primera edición: noviembre de 2023

Copyright © 2023, Trey Gowdy
Copyright © 2023, Penguin Random House Grupo Editorial USA, LLC
8950 SW 74th Court, Suite 2010
Miami, FL 33156
Aguilar es una marca de Penguin Random House Grupo Editorial
Todos los derechos reservados.

Traducción: Juan Luis Delmont
Diseño de cubierta: Lucas Heinrich
Foto del autor: John Fulton

Penguin Random House Grupo Editorial apoya la protección del *copyright*. El *copyright* estimula la
creatividad, defiende la diversidad en el ámbito de las ideas y el conocimiento, promueve la libre
expresión y favorece una cultura viva. Gracias por comprar una edición autorizada de este libro y por
respetar las leyes del Derecho de Autor y *copyright*. Al hacerlo está respaldando a los autores y
permitiendo que PRHGE continúe publicando libros para todos los lectores.
Queda prohibido bajo las sanciones establecidas por las leyes escanear, reproducir total o parcialmente
esta obra por cualquier medio o procedimiento, así como la distribución de ejemplares mediante alquiler
o préstamo público sin previa autorización.

La editorial no se hace responsable por los contenidos u opiniones publicados en sitios web o plataformas
digitales que se mencionan en este libro y que no son de su propiedad, así como de las opiniones
expresadas por sus autores y colaboradores.

Impreso en Colombia / *Printed in Colombia*

ISBN: 978-1-64473-897-9

23 24 25 26 27   10 9 8 7 6 5 4 3 2 1

A las víctimas de crímenes y a sus familias
por confiar en mí en tiempos oscuros

ÍNDICE

TERCERA PARTE
DÉJALO

INTRODUCCIÓN

Decisiones, decisiones

Sólo recuerdo dos cosas de mi ceremonia de boda. Recuerdo que traté de quitarme los guantes para que mi novia pudiera deslizarme el anillo en el dedo a pesar de que ella me había dicho no menos de mil veces que me lo iba a poner por encima del guante (Dios mío ¡nada le daba risa!). Pero el pesar por esa decisión poco afortunada no duró mucho. El otro recuerdo que tengo de la boda sí me pesó durante décadas y todavía me pesa de vez en cuando.

Al final de la ceremonia, nuestro maravilloso y muy querido pastor dijo: "Ahora les presento al señor y la señora Trey Gowdy. Él ocupará algún día la mansión del gobernador y ella será nuestra primera dama".

Yo tenía veinticuatro años. Aun me faltaba una semana para presentar el examen de habilitación para el ejercicio de la abogacía, y ni siquiera había tenido mi primer trabajo legal. Pero las expectativas quedaban establecidas. Unas bastante altas. Frente a toda nuestra familia, amigos y conocidos en la iglesia en la que crecimos. Era una expectativa que no imaginaba yo que podía alcanzar. Ojalá hubiera dicho: "Algún día Terri será gobernadora y Trey el primer caballero".

A eso sí hubiera podido contribuir.

Ese día y durante toda la época que siguió, dejé que otros dijeran cómo se esperaba que fuera mi vida. Tal vez habría que considerarlo como un comentario gracioso e inofensivo, y en efecto lo era. Quizá como una meta a la que aspirar y nada más. Eso debí haber hecho yo, pero no lo hice. Dejé que otros definieran qué era el éxito durante demasiado tiempo en mi vida y pasé muchos años buscando cumplir expectativas ajenas. Ese no es el único ejemplo de cómo dejé que otros trazaran mi rumbo, pero es uno que aún recuerdo treinta años después.

Algunos mueren intentando cumplir expectativas ajenas. Una condena a la que se someten de por vida. Yo estaba en ese camino. Así que quiero hacer una pregunta. La que debí hacerme hace mucho.

"¿Cuál es el estándar según el cual juzgas que una vida está bien vivida?"

Algunos creen que la vida está definida por su trabajo: su trayectoria profesional, lo alto que han ascendido en una empresa, o lo felices que son con su trabajo. Otros la miden por la calidad de sus relaciones con amigos y familiares. Para algunos, los estudios y un deseo incesante de conocimiento son lo que le da sentido a la vida. O tal vez nuestra historia la cuentan en verdad nuestros álbumes de fotos y las secciones de fotos de nuestros teléfonos, revelando quiénes somos y qué valoramos.

Durante la mayor parte de mi vida, evalué mi importancia por el trabajo que hacía y su calidad. Creía firmemente que los demás podían juzgar que mi vida era "exitosa" si conseguía "tal o cual" trabajo o dominaba "tal o cual" conjunto de responsabilidades. A través del trabajo, pensaba yo, podía demostrarle al mundo mi valor.

Cuando con bastante frecuencia los cargos, los títulos y las responsabilidades no se ajustaban a las expectativas que me había fijado —o que había dejado que otros me fijaran—, mi recurso alternativo eran mis relaciones sociales. Podía recurrir al éxito por asociación ya que muchos de mis amigos eran más notables que yo.

No es la forma ideal de abrirse camino en la vida, pero debo confesar que así me manejé durante más de la mitad de mi existencia.

He llegado a darme cuenta de que algo de mayor alcance es lo que unifica la vida. Hay un vínculo inherente entre los trabajos que aceptas y los que no; las personas con las que entablas amistad y las relaciones a las que les pones fin; los estudios que eliges y las aficiones que persigues. Cada una de esas búsquedas se inicia, se alimenta, se amplía o quizás se interrumpe por las "decisiones" que tomas.

Si crees que la vida se define principalmente por tu trayectoria profesional, piensa en las innumerables decisiones que dan forma a ese recorrido. Tienes que decidir en qué campo quieres trabajar. Tienes que decidir dónde solicitar trabajo y qué oferta aceptar. Tienes que decidir en qué momento dejar un trabajo y cuándo es mejor seguir en él.

Si crees que la esencia de la vida radica en las relaciones que tienes y las amistades que haces, tienes que tomar la decisión de hacerte amigo de alguien o tomar la decisión de aceptar su oferta de amistad. Y en el caso de las relaciones que no elegimos activamente —madre, padre, hermanos o hijos— decidimos cuan cercanos somos a ellos a lo largo de nuestra vida.

Para quienes llegan a la conclusión de que el sentido de la vida se consigue a través de lo que aprendemos —formalmente o no—, y en cómo nos formamos, algunas decisiones preceden a esa educación: en qué escuela estudiar, qué estudiar, cuán aplicados seremos, qué estudiaremos o leeremos después de que hayamos culminado nuestra educación formal.

Las decisiones —esos fundamentos invisibles— son el tema de este libro. Son los ladrillos con que se construye la vida. Tienen que ver con todas las áreas de nuestra vida y trazan su rumbo. Concluí que, si uno domina el arte de tomar decisiones logrará sin duda alguna labrarse una vida bien vivida.

No soy psicólogo ni orientador profesional. No soy estadístico ni adivino. Mis únicas credenciales son medio siglo de decisiones tomadas y no tomadas, y la vida que fluyó a partir de esas decisiones. He hecho algunas de las apuestas más arriesgadas y he sucumbido al miedo. He ganado y he perdido. Incluso he perdido al ganar y he ganado al perder.

Tengo arrepentimientos lo mismo que hermosos recuerdos y a veces me cuesta distinguirlos.

A través de todo esto encontré que, las decisiones con más consecuencias en la vida se reducen a tres preguntas sencillas que me gustaría compartir con ustedes: ¿Empiezo? ¿Sigo? ¿O lo dejo?

La experiencia es una maestra maravillosa; solo que el curso que imparte es sumamente largo. ¡Ojalá pudiera volver atrás y tomar las decisiones de los primeros años de mi vida con todos los conocimientos y (posiblemente) la sabiduría que tengo ahora! A veces examino retrospectivamente mi camino sinuoso para distinguir si alguna vez tuve un plan o si las decisiones de mi vida fueron simplemente una serie de reacciones. ¿Elegí mi rumbo o dejé que otros —o más exactamente mi percepción de sus expectativas— tomaran las decisiones por mí?

Empecé a trabajar a los catorce años repartiendo periódicos a las cinco de la mañana en una motoneta. Ahora, media vida después, doy noticias por televisión los domingos por la noche y en pódcast los martes y jueves. Podría decirse que mi vida ha sido una especie de círculo —profesionalmente hablando—, aunque ir a trabajar a las siete de la noche dentro de un estudio de televisión es mucho mejor que empezar el día a las cinco de la mañana en una motoneta perseguido por perros.

¿Cómo se pasa de repartir periódicos a dar noticias, y considerarlo una vida productiva? Muchas, muchas decisiones fueron tomadas a lo largo del camino. Cada uno de mis trabajos, desde repartidor de periódicos a presentador de televisión, estuvo precedido por la decisión de empezar un nuevo trabajo, seguir con el que tenía o dejarlo y empezar luego el ciclo otra vez.

Durante los días de repartidor de periódicos llegué a la conclusión de que no era una persona madrugadora ni un gran aficionado a los perros; menos aún a los que podían correr más rápido que una motoneta, así que dejé las mañanas de repartidor de periódicos, y opté por un trabajo vespertino embolsando comestibles en una tienda local al salir de la escuela secundaria (por si quieren saber, los huevos y el pan se ponen encima de las verduras enlatadas y no debajo). La mayor parte del tiempo la pasaba llevando la compra a los coches de los clientes. El dueño no permitía las propinas, pero algunas almas bondadosas desafiaban esa "prohibición de propinas" y comencé a tomar nota sobre la diferencia entre "normas" y meras "sugerencias".

Como cargador de bolsas supe que en cada uno de nosotros hay una parte que ambiciona un ascenso, o al menos lo que se percibe como un ascenso. Han pasado cuarenta años, pero aún recuerdo mi orgullo cuando mi jefe de entonces, Charlie Jones, me dijo que me iba a "promover" a cajero. Ese día volví a casa sintiendo que había alcanzado la luna. Eso era antes de que las cajas registradoras computarizadas dijeran la cantidad exacta de cambio que había que devolver al cliente. Si Charlie Jones me hubiera pedido mi expediente académico y hubiera visto mis notas de matemáticas, nunca me habría "ascendido". Hablar en público y en televisión en directo no son nada al lado de un cliente que te da dos dólares con quince céntimos cuando la caja registradora dice un dólar con sesenta y cinco, esperando que le devuelvas el cambio correcto. Todavía sudo cuando pienso en esos momentos.

Durante la preparatoria, entre 1982 y 1986, trabajé en un almacén surtiendo pedidos de tabaco. Aprendí más sobre la vida, en ese almacén, que en un aula o en los pasillos del Congreso. La decisión de trabajar cuatro veranos en un edificio caluroso y sin aire acondicionado manejando un montacargas y halando una carretilla no se debió a mi disfrute del trabajo en sí. Fue puramente transaccional: necesitaba dinero. Mi padre no se limitaba a darme efectivo, sino que además me hablaba del valor intrínseco del trabajo de tal manera que fui a buscar empleo. Pero cuarenta años después de que lo dejé, ese trabajo sigue siendo uno de mis favoritos. ¿Cómo es posible que sudar el día entero averiguando la diferencia entre los *Virginia Slims* y los *Virginia Slims Light 100* fuera uno de mis trabajos favoritos? Pues porque me gustaba la gente con la que trabajaba. Eso, en sí y de por sí, fue suficientemente satisfactorio. Decidí quedarme brindándole prioridad a las personas con las que trabajaba por encima de lo que hacía.

Tenía ganas de levantarme e ir a trabajar al almacén más que con cualquier otro trabajo que tuve desde entonces. Y todavía me sucede ponerme a pensar sobre dos de las lecciones que aprendí durante aquellos veranos sudorosos: en primer lugar, a menudo la gente con la cual haces el viaje de la vida es más importante que el viaje mismo y en segundo, para mucha gente el trabajo en un almacén por un salario mínimo, con una pausa de treinta minutos para comer y sin seguro médico, no es solo un "trabajo de verano", es el único que tienen para poder cumplir con todas las demandas de responsabilidades familiares y sociales que se les hacen.

En la universidad decidí especializarme en Historia por las razones equivocadas y luego fui a la escuela de leyes, en vista de que mi poco acertada decisión inicial me dejaba sin muchas opciones. Al finalizar trabajé para dos jueces: uno era juez de apelaciones y el otro, juez de instrucción. Fue trabajando con el juez federal de instrucción que me sentí atraído hacia nuestro sistema de justicia criminal al que le dediqué la mayor parte de mi vida profesional. Fui ayudante del fiscal general de los Estados Unidos durante seis años, luego de lo cual me postulé a lo que en Carolina del Sur llaman "procurador de circuito" y en el resto del país "fiscal de distrito".

La decisión de dejar el trabajo de fiscal que yo amaba y empezar una carrera en el Congreso en 2011 constituye gran parte de este libro, lo mismo que mi decisión de dejar el Congreso en 2019. Sí, el chico que empezó su carrera como repartidor de periódicos y leía sobre el Congreso mientras enrollaba periódicos en el baño de una gasolinera, llegó a ser presidente de una comisión parlamentaria y hasta llegó a aparecer él mismo alguna vez en la prensa. Resultó que salir en el periódico no era en lo más mínimo tan gratificante como pensaba aquel chico de catorce años. Aprendí por las malas, como mucha gente, que la fama no es el barómetro adecuado para medir el éxito o la importancia. La gente se pasa décadas luchando por la fama o la notoriedad y luego, una vez que la prueban, a menudo vuelven corriendo al anonimato tan rápido como se lo permiten sus piernas.

Como pueden ver, tomé muchas decisiones en la vida. Algunas parecen poco convencionales o extrañas a *posteriori*. Algunas fueron influenciadas por fuerzas externas y otras (por lo general más adelante en la vida), se tomaron con la confianza en sí mismo que sólo se obtiene cuando es uno el que define a su manera términos como "éxito" e "importancia". Para alguna gente ciertas decisiones que tomé fueron pasos atrás o incluso, en falso. Sin embargo, los demás no son los que tienen que definir esos términos en mi vida ni en la de ustedes.

Lo importante es que entendamos lo que hicimos y por qué lo hicimos y que, al seguir adelante apliquemos un método y un propósito a la forma en que tomamos decisiones. Escribí este libro con la esperanza de que las decisiones que tomé —buenas, malas o indiferentes— puedan ayudar al lector a escribir su propio libro de vida.

¿Qué tan bien te conoces a ti mismo? Para que puedas construir la mejor versión de tu vida tienes que conocerte a ti mismo, y tener la suficiente confianza en ese conocimiento propio para dejar que oriente tu toma de decisiones.

Ahora considera lo siguiente: ¿Adónde quieres llegar? ¿A cuál destino? ¿Viajas con un determinado grado de velocidad o compromiso? ¿Necesitas seguir por ese camino, pero con algunos ajustes, tal vez reduciendo la velocidad o acelerando? ¿O necesitas encontrar una salida y dar marcha atrás, o tomar una dirección completamente distinta?

Empezar algo nuevo es a la vez emocionante y angustioso. Pueden surgir dudas. Habrá críticos y detractores. Pero en este libro ofreceré formas de evaluar cuándo empezar algo nuevo, ya sea un trabajo o una relación, para poder avanzar con confianza y conciencia. En el verano de 2021 empecé un nuevo programa de televisión. Comenzar el programa significaba dejar de ejercer la abogacía a tiempo completo, pero también decidir cómo quería que fuera el programa.

¿Basta con una noche a la semana? o debería aspirar a más… ¿Copio lo que ha tenido éxito para otros en la televisión por cable? o trazo mi propio camino… En todo caso, ¿qué significa el éxito en la televisión? ¿Son los espectadores? o los índices; ¿es la calidad de mi estilo? o la diversidad de mis invitados…

Lo bonito de un comienzo es que el lienzo está virgen. Pero la temporada de inicio no dura mucho. Muy pronto lo que se inicia como la decisión de empezar, se convierte en la de seguir.

Seguir puede carecer de la emoción de empezar algo nuevo, pero a menudo es lo más sensato. Debemos evaluar la decisión de continuar con muchos de los mismos patrones de medidas y las mismas herramientas que cuando evaluamos si empezar o no. Mi esposa y yo llevamos casi medio siglo viviendo en la misma ciudad y casi un cuarto de siglo en la misma casa. A menudo discutimos sobre asuntos como:

¿Nos mudamos más cerca de los centros de comunicación del país? ¿Nos mudamos más cerca de donde están los mayores bufetes de abogados? ¿Nos mudamos más cerca de la playa (aunque no me guste mucho la arena)? ¿Nos embarcamos en la excitante tarea de construir una casa en lugar de adaptarnos a lo que los constructores originales tenían en mente?

Al final, decidimos seguir viviendo en la misma ciudad por una razón que solo es importante para nuestra pareja. Se debe a unos árboles. Cuando murió el padre de mi esposa un amigo paisajista plantó un árbol en su honor en nuestro jardín. Hizo lo mismo cuando murió su madre e igual, en honor a nuestros tres perros: Judge, Jury y Bailiff, que ya no están. Seguimos en la misma casa por razones que no tenían nada que ver con la casa. Cambiamos la emoción de algo nuevo por unos recuerdos sin los cuales no podríamos vivir.

Por último, el libro abordará la difícil decisión de dejar; como saber cuáles son el momento y las circunstancias adecuadas para dejar a algo o a alguien. Aun cuando conseguimos las cosas por las que nos esforzamos, a veces acaban siendo menos satisfactorias de lo que esperábamos. A veces una decisión puede ser adecuada para una etapa de la vida, pero los tiempos cambian y nosotros también. Espero brindar herramientas para dejar las cosas con confianza y sin arrepentimientos.

Ambos nos encontramos en esta oración, en este párrafo de este libro, por las decisiones que tomamos. Te agradezco que hayas tomado la decisión de leer hasta aquí. Tanto tú como yo al embarcamos en este libro, tendremos que ser descarnadamente honestos y buscar en lo más profundo de nosotros mismos para tomar decisiones que nos lleven a la vida más plena y consecuente posible.

Entonces… ¿Empezamos?

PRIMERA PARTE
EMPIEZA

1

Empieza por el final

Cuando uno piensa en comenzar algo —una nueva carrera o relación; una nueva afición o inversión; una vida nueva en otra ciudad o a tomarse en serio su propia salud— sea lo que sea, he encontrado que lo mejor es empezar por el final. Creando en la mente una imagen clara del destino final, se está mejor preparado para tomar decisiones que garanticen llegar al lugar deseado.

Redactando el argumento final

Los casos federales de homicidio son poco frecuentes.

Como la gente tiende a equiparar "delito federal" con "delito más grave", a menudo se sorprende al saber que la inmensa mayoría de los casos de homicidio no se juzga en cortes federales sino en cortes estatales a cargo de fiscales. Solo determinadas categorías de homicidio justifican la jurisdicción del sistema legal nacional; como la muerte de un juez federal, el homicidio de un agente federal en acto de servicio o el homicidio de un testigo federal.

Antes de 1995, en veinticinco años solamente se había producido un proceso federal por homicidio en el norte del estado de Carolina del Sur. Nuestro estado está dividido en cuatro regiones. Está el *Low Country*, la región baja cerca de la playa (piénsese en Charleston). Está la región llamada las *Midlands* donde se encuentra nuestra capital, Columbia. La región de *Pee Dee*, principalmente agrícola y la *Upstate*, que une Atlanta, Georgia, con Charlotte en Carolina del Norte, a lo largo de la interestatal 85. Ahí es donde vivo y he trabajado, y es también la región que representé en el Congreso.

Solo una vez en un cuarto de siglo hubo un caso federal de asesinato en mi región. Pero pronto habría dos. El segundo involucró el de uno de mis propios testigos. Yo acababa de cumplir treinta años, estaba al principio de mi carrera como fiscal federal y trabajaba en una corte de Anderson, Carolina del Sur, mucho antes de la llegada de los teléfonos móviles. En ese entonces, usábamos buscapersonas y el mío estuvo vibrando mucho mientras yo estaba en corte ese día. Uno no mira el buscapersonas mientras está en sesión de corte federal, así que esperé a un descanso y lo que vi fue una serie de llamadas de emergencia de oficiales policiales. Me apresuré a regresar al despacho del juez, el cual se encontraba contiguo a la sala del tribunal, para utilizar el teléfono fijo más cercano. Cuando me puse en contacto con uno de los agentes federales que me habían estado llamando, su respuesta fue inmediata y directa:

—Ricky Samuel ha sido asesinado.

Ricky Samuel era un joven de Spartanburg, Carolina del Sur, quien había tenido algunos problemas legales relativamente menores y estaba intentando cambiar el curso de su vida. Su desafío actual era un caso federal de drogas pendiente. Las cantidades de droga eran menores, pero como pronto sabrás, incluso una pequeña cantidad de droga puede tener un impacto significativo en una vida. Ricky tenía la suerte de contar con una madre que lo amaba y fue más dura con él de lo que jamás lo sería el sistema judicial. También tenía una nueva novia y la idea de pasar cualquier período de tiempo en prisión federal, no era probable que fuese un estímulo para esa relación naciente. Ricky tenía una decisión qué tomar. Podía pasar varios años en prisión federal por tráfico de estupefacientes, o intentar reducir su sentencia.

El sistema federal de drogas funciona así: hay sentencias mínimas de prisión obligatoria incluso por cantidades relativamente pequeñas de drogas. Cinco gramos de cocaína base —comúnmente conocida como *crack*—, equivalen a un mínimo obligatorio de cinco años de prisión. Cincuenta gramos de cocaína base, equivalen a un mínimo obligatorio de diez años en una prisión federal. Un gramo es el tamaño de un paquete de edulcorante como Truvia o Sweet'N Low. Ricky fue acusado de poseer una onza de cocaína base y aun declarándose culpable y aceptando responsabilidad plena, habría recibido más de cinco años en una prisión federal. No hay libertad condicional en los juzgados federales, por lo tanto habría tenido que cumplir la mayor parte de la condena que le impusieran.

La única forma de reducir el riesgo de ir a prisión una vez arrestado o imputado, era cooperar con el gobierno y que este solicitara al tribunal durante la audiencia de sentencia, acortar la pena. Cooperar con el gobierno significaba proporcionar información sobre quiénes eran los proveedores de la droga, o los socios o co-conspiradores en la red de tráfico. Cooperar también puede incluir un trabajo más activo, como llevar un micrófono escondido durante una transacción encubierta de droga. De hecho, las reducciones de pena más significativas suelen aplicarse a quienes asumen los mayores riesgos al cooperar con el gobierno. Llevar un micrófono y realizar transacciones de drogas encubiertas era arriesgado.

Tuve cientos de conversaciones con hombres jóvenes y algunas mujeres que, como Ricky Samuel, tenían que elegir entre cumplir una condena plena o cooperar y afrontar las consecuencias de ser etiquetados como informante o "sapos".

Los agentes federales y yo expusimos a Ricky y a su madre las opciones que tenían, y Ricky tomó la decisión de cooperar con las fuerzas federales del orden en su investigación sobre una gran red de tráfico de estupefacientes de Carolina del Sur, con vínculos en Florida. En realidad, hubiera sido difícil no tomar esa decisión. La cárcel iba a ser dura para Ricky. Era pequeño de estatura y tenía un brazo ligeramente deformado, lo cual le hubiera dificultado la defensa propia a menudo necesaria allí. No era violento; sólo era otro joven que interrumpió sus estudios demasiado pronto por el atractivo del dinero fácil y rápido. Le explicamos que la cooperación entrañaba riesgos, solo que a la manera rutinaria del médico que informa de los riesgos a quien se va a vacunar contra la gripe o a someterse a una operación relativamente menor. Sí, existe la posibilidad de que algo malo suceda, pero las probabilidades son tan pocas que ni siquiera se registran. Hasta que suceden.

Le pedimos a Ricky que nos ayudara en nuestra investigación sobre Tommy Pabellon. Pabellon era un traficante que había vendido cocaína base en cantidades mayores que alguien como Ricky Samuel. El plan de las fuerzas del orden hacía que Ricky, actuando de incógnito, comprara cocaína base a Pabellon. Sería lo que la policía llama un "operativo de compra". Un informante llevando un micrófono escondido o una microcámara de vídeo —o ambos—, compra drogas a un traficante sospechoso, con dinero marcado. El trato se establece por teléfono o buscapersonas y esas conversaciones se graban también. Poco después de finalizar la transacción el traficante es detenido y en la mayoría de los casos, el dinero marcado está todavía en su poder. Estos casos son comunes y no particularmente complicados. Las pruebas consisten en las llamadas grabadas que ponen en marcha el intercambio, la vigilancia por vídeo y audio de la propia transacción y el beneficio de lo que sea que lleve encima el sospechoso en el momento de la detención.

Ricky hizo lo que le dijeron que hiciera. La transacción encubierta se desarrolló exactamente como estaba previsto. Pabellon le vendió la droga a Ricky y poco después fue detenido a corta distancia de allí, con el dinero de la compra en el bolsillo.

Una vez arrestado, Pabellon tuvo la misma oportunidad que Ricky Samuel y otros: declararse culpable, ir a juicio o cooperar y reducir su sentencia. Pabellon optó por el juicio y antes de que se llegara a la fecha de este, la fiscalía tuvo que presentar lo que se denomina "hallazgo de pruebas", que es toda la evidencia reunida con relación al caso y el acusado.

El gobierno trata de mantener oculta durante el mayor tiempo posible la identidad de los informantes o testigos cooperantes, pero inevitablemente esos nombres se revelan al abogado defensor y a su vez, los propios acusados terminan por enterarse de la identidad de los informantes. La divulgación de los nombres de los testigos es siempre un momento angustioso para fiscales y agentes, lo mismo que para los propios testigos. Algunos abogados defensores comparten parte de la información con sus clientes, pero no toda y otros, simplemente entregan los paquetes de información en la cárcel y permiten que el cliente eche un vistazo por sí mismo. Más de una vez se han encontrado pruebas de un caso en la celda de otro recluso. Las noticias sobre testigos colaboradores vuelan.

La divulgación de los nombres de los testigos es una parte del sistema de justicia criminal que disgusta a los que están fuera del sistema y mortifica a los que están dentro, aunque entiendan por qué es necesaria. Los acusados tienen el derecho constitucional a "confrontar" a los testigos, así como el derecho a conocer las pruebas que existen y serán presentadas en el juicio. La Cláusula de Confrontación está establecida en nuestra Constitución de los Estados Unidos. Hasta los niños tienen que testificar en los juicios de quienes abusan de ellos, sentados solos en la silla de testigo rodeados de adultos desconocidos, con el acusado, la persona que les hizo daño, colocándose justo en la línea de visión del niño. Nuestro sistema ofrece importantes salvaguardas a aquellos acusados de delitos y parte de ellas, es saber quiénes serán los testigos específicos en su contra.

Amenazar o intimidar a los testigos es un delito graveza por sí mismo. Pero a veces aquellos acusados de violar la ley, muestran indiferencia por otras partes de ella.

Tommy Pabellon se enteró durante el proceso de divulgación que Ricky Samuel era el informante en su caso y pensó que, si Ricky no estaba presente para testificar en el juicio, no habría pruebas en su contra. Pabellon ideó un plan con otros conspiradores de su red de drogas para mandar a matar a Ricky, y contrató a un sicario de otro estado llamado Bob Harry Fowler. Fowler vino a Spartanburg, South Carolina, haciéndose pasar por predicador callejero en un esfuerzo por ganarse la confianza de Ricky, yendo puerta por puerta evangelizando el barrio. El plan funcionó. En el transcurso de unas semanas Bob Harry Fowler entabló relación con Ricky y luego, bajo el pretexto de llevarlo a bautizar, Fowler lo atrajo hasta una laguna lejana en un condado vecino donde hizo que Ricky se arrodillara para rezar la Oración del Pecador y aceptar a Jesús como su Señor y Salvador. Fowler entonces le disparó a Ricky dos tiros en la nuca.

El cuerpo de Ricky Samuel fue encontrado donde fue ejecutado; al lado de aquella pequeña laguna en el condado rural de Greenville, con dos heridas de bala en la cabeza. Fue ejecutado en retaliación por proporcionar ayuda e información a los agentes federales. Murió en un intento fallido por hacer desaparecer el caso de drogas contra Tommy Pabellon. Sin testigo clave, no hay caso. Al menos eso pensó Pabellon.

Cuando llegué a la escena del crimen, lo primero que pensé fue en la madre de Ricky, en cómo nosotros —los agentes federales y los fiscales— le habíamos asegurado que el gobierno haría todo lo que estuviera en su poder para proteger a su hijo si decidía facilitarnos información. Era de poco consuelo que le hubiéramos explicado lo que podía ocurrir. Lo que se pensó como algo extremadamente raro —el perjuicio a un testigo federal— de hecho había ocurrido. Ricky nos había confiado su vida y su madre nos había confiado a su hijo, y le habíamos fallado a ambos.

Los agentes recogieron de entre su familia y amigos una descripción general del nuevo "evangelista" en la vida de Ricky, pero Fowler había dado un nombre falso y abandonó la ciudad inmediatamente después de matar a Ricky. Afortunadamente, el equipo forense encontró en casa de Ricky una Biblia que Fowler le había regalado como parte de su montaje como predicador callejero y un técnico forense revisó minuciosamente la Biblia, página por página, en busca de huellas digitales. Cuando encontró una en una página del libro de Ezequiel, pasamos la huella por una base de datos nacional para ver si había alguna coincidencia en el archivo de antecedentes policiales de alguien con registro criminal. Como el "evangelista" tenía condenas previas en otros estados, hubo una coincidencia en la base de datos.

¿Cómo llegó la huella dactilar de un asesino a sueldo de Alabama a una Biblia en casa de Ricky Samuel en Spartanburg? ¿Por qué este «predicador callejero» abandonó la ciudad tan rápidamente después de que Ricky fuera asesinado? ¿Por qué el hombre que pasó tanto tiempo cerca de Ricky en los días y semanas antes de su muerte ni siquiera se molestó en asistir a su funeral? Esas eran sólo algunas de las preguntas sobre las que los fiscales pedirían al jurado reflexionar en el juicio.

La investigación del asesinato de Ricky Samuel fue larga y difícil. Tras identificar a Bob Harry Fowler, se le localizó y detuvo por homicidio. Pero había que relacionarlo con Tommy Pabellon y ni Fowler ni Pabellon hablaban.

Mientras los agentes trabajaban activamente en encajar las piezas del caso, yo decidí hacer otra cosa: mostrarle a Tommy Pabellon lo equivocado que estaba con relación a si se le podía procesar o no aun cuando Ricky Samuel no estuviera. Así que fuimos a juicio y Pabellon fue condenado por el cargo de drogas, aunque Ricky Samuel no estuviera presente como testigo. Pero también debía responder por el asesinato de un testigo federal.

Los cuerpos de seguridad terminaron deteniendo a la esposa de Tommy Pabellon por otros cargos, y ella eventualmente ofreció evidencias y testimonio contra Tommy. El quiebre se produjo cuando uno de los cómplices de Tommy en la red de narcotráfico decidió cooperar, como lo había hecho Ricky, en un esfuerzo por reducir la significativa condena a la que se enfrentaba por conspiración para asesinar a un testigo federal. Entrevistamos a este coacusado, corroboramos su versión de los hechos, y planeamos utilizarlo como testigo en el juicio. Habría sido un testigo muy sólido, implicándose a sí mismo y a Pabellon en el esquema de homicidio a sueldo, pero el testigo se colgó en una celda de la cárcel.

Los agentes del orden y los fiscales tienen que trabajar con las pruebas de que disponen. No pueden generar las pruebas que quieren o necesitan. Fowler y Pabellon tenían motivo para matar a Ricky Samuel y Fowler tenía los medios y el acceso para hacerlo. Pero, aun así, el juicio trataría de conectar a Fowler con Pabellon. Pabellon no apretó el gatillo, pero fue la razón por la que se apretó el gatillo.

El difunto y gran fiscal federal David C. Stephens y yo procesamos el caso juntos. Stephens me dijo cuando comenzamos a preparar el caso, que yo haría el argumento final. Todas las partes de un juicio criminal son importantes, desde las mociones de instrucción y la selección del jurado, hasta la acusación y las deliberaciones. Pero el argumento final es la última oportunidad que tienen los fiscales de exponer sus argumentos al jurado. Se considera de suma importancia. Yo había hecho algunos argumentos finales antes, pero nunca en un caso de esta magnitud. Así que comencé una práctica que vine a utilizar en cada caso que preparé, procesé, y sometí a juicio después: empecé por el final.

Primero escribí el argumento final, y luego construí el caso hacia atrás hasta el comienzo del juicio. Había que llamar a testigos, interrogarlos y repreguntarlos. Había argumentos legales qué preparar y exposiciones qué introducir. Estructuré la presentación de la evidencia de tal manera que me llevara al final deseado.

El argumento de cierre es lo último. Pero también lo más importante. Comencé por lo más importante asegurándome de que todo lo demás obrara en consonancia.

Empezar por el final me ayudó en ese primer caso de homicidio, y utilicé la misma estrategia en cada juicio posterior. Con el tiempo abracé esta táctica fuera de la sala de juicios, convirtiéndola en el marco de cada decisión importante que encaré en mi vida desde entonces. Empezar por el final y luego calcular cómo llegar hasta allí.

La última escena

Una de las alegrías de la mediana edad es que a veces los jóvenes confunden longevidad con sabiduría. Como resultado, a menudo me visitan o llaman jóvenes en busca de consejo en sus incipientes carreras. Primero los dejo hablar y lo que suelo escuchar es la confesión de su incertidumbre, ansiedad y aprensión. No están muy seguros de lo que quieren hacer —o ni siquiera de quién quieren ser—, pero alguien, en algún lugar, les dijo que debían tener su vida clara a la tierna edad de diecisiete años y la presión comienza a aumentar, al menos en sus mentes. A veces, estos jóvenes están preocupados por ganar dinero; otras, por encontrar una carrera satisfactoria. La mayoría están preocupados —algunos incluso paralizados— por el miedo a tomar decisiones equivocadas.

Recuerdo a un joven que vino a verme cuando yo estaba en el Congreso. Tenía su vida planeada, pero necesitaba ser admitido en una de nuestras academias militares. Si eso no ocurría, según él, tampoco lo demás ocurriría y su vida estaba esencialmente acabada (a los diecisiete años) porque todo dependía de ser admitido en West Point o en la Academia Naval. Dejemos de lado por un segundo lo increíblemente competitivas que son esas escuelas y el poco control que tienen los aspirantes sobre si son admitidos o no. Yo no podía creer que todas sus esperanzas y sueños dependieran de ser aceptado en una de estas dos escuelas tan competitivas y selectivas.

Mi primera respuesta no tuvo nada que ver con cómo conseguir ser admitido en un centro de estudios superiores altamente selectivo. Le pregunté simplemente a dónde quería llegar. Resultó que quería llegar exactamente adonde yo estaba, el Congreso.

"¿Quién te dijo que ir a Annapolis o West Point es una condición necesaria para postularte al Congreso? —le pregunté. ¿Y quién te dijo que graduarte en West Point o Annapolis te garantiza el éxito electoral? ¿Y cómo te convertirá en un miembro más eficaz del Congreso graduarte en una u otra?"

Intenté convencerle de que la verdadera pregunta no era dónde iba a pasar los cuatro años siguientes, sino otra más profunda y significativa. "¿A dónde quería haber llegado para sus últimos cuatro años? ¿Cómo serían sus últimos cuatro meses? ¿Sus últimos cuatro minutos?". Yo quería que sin estar moribundo se recostara en la silla de mi despacho, cerrara los ojos, y visualizara una imagen. La imagen que quería que pintara con los detalles más vívidos que pudiera evocar; era la última escena.

Puedes hacer lo mismo.

Te has ido de este mundo —con suerte tras una larga, feliz y saludable vida—, y tu familia y amigos íntimos están dispuestos en la entrada de la funeraria para recibir a las visitas. Ya no hay oportunidad de dejar una huella en particular, enmendar errores, replantearse una decisión o cambiar la historia. Imagina el argumento final para tu propia vida.

Cuando pienses en esa escena funeraria, colócate en la sala escuchando a escondidas las conversaciones. Si te ves a ti mismo como un ángel, está bien. Yo no creo que pueda optar a ese título, así que me limitaré a ser un espíritu o una figura fantasmal que acecha por encima de los que reciben a las visitas. Quiero que respondas a dos preguntas:

1. ¿Qué has realizado?
2. ¿Cómo te recuerdan?

Pensar en lo que la gente podría decir de ellos en su funeral suele despertar la atención de mis jóvenes visitantes (o espantarlos). A nadie le gusta pensar en el final. Es duro y definitivo, por lo que es comprensible que prefiramos pensamientos más felices. Pero la muerte es una de las pocas cosas que están absolutamente garantizadas en nuestras vidas, así que son preguntas importantes de hacer a pesar de lo incómodo que resulta. Tenemos que encontrar la voluntad de hacerlo: pensar en el argumento final de modo que podamos estructurar las pruebas y elegir a los testigos que darán testimonio sobre nuestras vidas. Si la vida puede ser comparada con un juicio y hubiera un argumento final, una especie de argumento de cierre, ¿qué se dirá y qué evidencias habrá que lo sustenten?

La verdad es que, para muchos jóvenes adultos que buscan saber qué quieren hacer después de cumplir los dieciocho años, las decisiones giran en torno a la vocación. ¿En qué campo profesional quieren entrar cuando se gradúen? Yo intento animarlos a pensar también en los demás ámbitos de su vida. En mi opinión, lo que queremos conseguir en la vida no debe limitarse a una única área, sino que debe abarcar el ámbito de las relaciones sociales, el profesional, el educativo y el personal.

Somos humanos, por supuesto, y un equilibrio perfecto es imposible, pero pensar en cómo las distintas áreas de la vida coexisten entre sí, nos ayuda a orientarnos mejor. Si ganas mucho dinero, pero no tienes tiempo para tu familia ¿habrás logrado lo que quieres en la vida? Si en la universidad te centras exclusivamente en socializar, y descuidas tus estudios, ¿te estás preparando para lograr todo lo que quieres alcanzar? Un montón de amigos y ninguna ocupación es algo así como: "un gran sombrero de vaquero sin ganado".

A cualquier edad centrarnos en lo que queremos lograr en diversas áreas, nos ayudará a tener la visión holística que necesitamos a medida que avanzamos en la vida. Cuando decidimos mirar la vida a través de llente de lo que queremos lograr, en lugar de simplemente lo que queremos hacer, la vida cobra el significado que anhelamos y nuestra toma de decisiones va a adquirir sentido de propósito.

Ojalá tuviera cinco centavos por cada joven que me dijo que quería marcar una diferencia en su comunidad, su estado o su nación. Sus motivos eran puros, por lo que pude observar. Querían de verdad lograr cambios. De modo que los escuchaba y asentía mientras me explicaban por qué tenían que estudiar derecho y luego entrar en política o en el gobierno, para lograr producir el cambio que nuestra sociedad necesitaba tan desesperadamente. Y cuando me tocaba a mí dar un consejo, era siempre el mismo consejo: Si quieres cambiar el mundo, debes enseñar.

Los profesores han cambiado mi vida más que cualquier presidente o miembro del gabinete de los Estados Unidos. La persona con la que vivo, que es maestra de primer grado, cambia más el mundo en unos meses de lo que yo lo hice en ocho años en la Cámara de Representantes.

El prestigio de lo que haces y la importancia de lo que logras son dos cosas totalmente distintas. Cuanto antes aprendamos esa verdad, más satisfactoria será la vida. Para tomar las mejores decisiones en la vida, hay que ser sincero con uno mismo. Todos intentamos decir lo correcto cuando los demás escuchan. Habla honestamente cuando solo seas tú quien hable y escuche. Animo a los jóvenes que tengo la suerte de visitar para que mantengan una franca conversación consigo mismos sobre sus verdaderas motivaciones en relación con las decisiones que tienen por delante.

Ahora bien, tener una visión clara del final es esencial, pero las acciones que lleves a cabo para dar vida a esa visión son las que determinarán si llegas al destino deseado. Este es un caso en que no cuenta solo el pensamiento. Construyes tu argumento final con las decisiones que tomas a diario. Cómo te diriges a la gente, cómo haces sentir a los demás, cómo llevas tus negocios, cómo te cuidas a ti mismo y a tus seres queridos, cuánto ayudas a los necesitados, cuán generoso eres con tu tiempo o tu dinero. Todo eso es evidencia que será utilizada y en la que te basarás para tu propio argumento final de la vida.

Las cosas que piensas, haces y dices cada día te llevan a tu destino final. Tus decisiones, tomadas a sabiendas o no, te llevarán a alguna parte, así que te animo a que no mantengas en secreto ese destino deseado, especialmente para ti mismo. Dicho de otro modo, cuanto más pienses ahora en tu argumento final, más posibilidades tendrás de darle forma de aquí a que la gente se ponga su traje de domingo para despedirse de ti.

Y si queremos tomar las decisiones que nos lleven al final que deseamos, tenemos que evaluar dónde estamos ahora. Es decir, hoy, en el momento mismo en que estás leyendo esto. Si necesitas cambiar de rumbo o la velocidad a la que te mueves, ahora es el momento idóneo para averiguarlo. ¿Eres feliz en tu carrera, tu escuela, tu especialización, tus relaciones significativas? Tomando en cuenta las cosas importantes como la vocación, la familia, las amistades, las relaciones de negocio y el matrimonio ¿estás en el camino del argumento final que quieres?

¿Qué quieres lograr?

Hay una tremenda diferencia entre lo que "hacemos" y lo que "logramos". Lograr algo requiere intención y propósito. Lograr algo requiere tener una visión del final. Cuando trabajamos para lograr algo, tenemos una orientación. Si nos limitamos simplemente a hacer algo, nos movemos sin dirección y lo más probable es que nos extraviemos.

Por ejemplo, cuando estuve considerando estudios superiores, puse más atención en lo que tenía que *hacer* para graduarme, lo cual era acumular 120 horas/crédito, que en lo que quería *lograr* en la vida. Escogí historia porque salí de bachillerato con seis horas de crédito adelantadas en historia, y eso me reducía el número de clases que necesitaba para el título.

En retrospectiva, me habría ido mucho mejor si me hubiera graduado en filosofía para aprender a pensar de forma más crítica o en psicología, para comprender la naturaleza humana. El pensamiento crítico y la comprensión de la naturaleza humana son esenciales para ayudar a las personas víctimas de la delincuencia, que terminó siendo lo que quería lograr en la vida.

Pero, aun así, encontré la manera de que me sirviera porque "hay muchas maneras de llegar a un destino". Algunas malas decisiones cuestan mucho y otras casi nada. Estudié historia, acabé ingresando a la escuela de leyes y encontré finalmente en el sistema de justicia una carrera que me encantó. Aunque de haber tenido la oportunidad habría hecho mis estudios de otra manera, al final le encontré sentido al camino que elegí y llegué a mi destino a pesar de que el sendero fue más tortuoso de lo necesario.

No estás "acabado" —como aquel joven intentó convencerme— si no ingresas a una escuela militar de élite. Tu vida no se ha "terminado" porque no hayas conseguido el trabajo de tus sueños. No eres libre de "rendirte" porque no hayas conseguido una invitación para unirte a tal o cual grupo o club. Una decisión equivocada o un retraso inesperado pueden impedirte hacer algo concreto, pero no te impiden lograr lo que quieres en la vida, solo pueden hacer que tardes un poco más en llegar. Todos los caminos podrían no ser iguales en longitud, dificultad o escenario, pero pueden llevarte a donde quieres estar si tienes claro tu destino y eres tenaz en su persecución.

"No olvides consultar tus sueños". Usualmente, cuando pregunto a los jóvenes qué esperan lograr, suelo ver cómo se les iluminan los ojos pensando en lo que algunos llaman "sueños" y otros, "metas" o "aspiraciones". Algunos de estos jóvenes son reacios a verbalizar sus sueños por miedo a que parezcan demasiado descabellados, fantasiosos o inalcanzables. Soy el primero en decir que la lógica cumple un papel en la toma de decisiones. Pero es esencial y liberador verbalizar lo que soñamos ser o hacer.

La lógica y los sueños pueden ser compañeros de cuarto. Pueden ser compañeros de viaje. Ese será un bucle recurrente a lo largo de este libro (aunque algunas de las decisiones que tomé en la vida parezcan indicar que la lógica dormía una siesta mientras mis sueños conducían el auto). La lógica llevará y debe llevar la voz cantante. Pero mientras elaboras tu concepción del final y sopesas lo que quieres lograr —lo que quieres que los que asistan a tu funeral digan de ti a tu familia—, es importante darles a tus sueños la libertad de aparecer, existir y ser respetados. Déjalos deambular por tu mente mientras averiguas a dónde quieres ir. Tal vez los sueños no dicten las decisiones a corto plazo, pero ayudan a trazar el mapa del rumbo al más largo. Puede incluso llegar un momento en la vida en el que los sueños se vuelven tan reales o vividos hasta el punto de que sean suficientes para decir: "Llegamos. Por fin estamos aquí."

¿Cómo quieres que te recuerden?

Para mí, la imagen del final que tengo es la de mi esposa y mis hijos en la funeraria que está no muy lejos de donde vivimos. Cuando era adolescente repartía un periódico por las mañanas a la oficina de la funeraria, así que me resultaba un escenario familiar y amigable (bueno, en la medida en que una funeraria puede parecerle amigable a un chico de catorce años en una motoneta en lo oscuro). Espero que sea un día soleado para que mi mujer no pase frío, porque ella sentiría frío, aunque estuviera dando veloces carreras sobre el suelo de un volcán activo. Definitivamente, el sol tiene que ser generoso y brillante en ese retrato en mi mente, para que ella esté a gusto y conforme. Además, no estaré allí para que me diga el frío que tiene.

Idealmente, la ceremonia será a media tarde, para que ella pueda trabajar la mayor parte del día en la escuela primaria en la que enseña, se tome un breve descanso para mi ceremonia, y aún llegue a casa a tiempo para ver *Love Comes Softly* o *Love Comes Today* o cualquiera que sea la reiteración más reciente de exactamente la misma película que ha visto tres mil millones de veces en el canal *Hallmark*. Y, por supuesto, mientras más pronto termine el servicio, más pronto podrá contactar con el actor Matthew McConaughey en las redes sociales para informarle de su nueva disponibilidad.

En mi escena final quiero que quede claro que fui fiscal, que ayudé a las víctimas de delitos y a sus familias a luchar por justicia y rendición de cuentas. Quiero que la gente opine que fui un marido cariñoso con mi esposa y que intenté ser un buen padre para nuestros hijos. Será el momento en que quienes me conocieron de verdad —no los medios, ni mis críticos, ni la gente que abunda en las secciones de comentarios de los sitios web o de las redes sociales— podrán decir lo que recuerdan. No puedo pensar en nada menos creíble que gente que nunca lo conoció ni se relacionó con uno, describiéndole la vida de uno a quienes de verdad nos conocieron. Espero que la gente diga: "era divertido y justo".

Sería una excelente combinación para dejarles a mis seres queridos. No es importante para mí que se mencione o no el Congreso, aunque alguien que conocí en el Congreso será quien haga la prédica en el funeral. Del mismo modo, no es importante que se mencionen la televisión o los medios de comunicación, aunque no hay nada de malo en hacer carrera en los medios y me siento agradecido por el empleo. Es solo que la corte es el trabajo que más significó para mí y es, por tanto, el que espero que los demás recuerden.

En esa foto final las personas que mejor me conocieron hacen reír a mi esposa con un recuerdo, o la hacen sentirse orgullosa con una anécdota. Divertido y justo. No parece demasiado ambicioso y, la verdad sea dicha, ese deseado capítulo o foto final bien podría haber sido diferente hace veinte años, antes de que comprendiera la diferencia entre lo que somos y lo que hacemos para ganarnos la vida. Pero ya el asunto está zanjado y no es probable que cambie a estas alturas de mi viaje.

¿Qué quieres que digan de ti cuando ya no estés? ¿Adónde quieres llegar y qué haces y decides actualmente para avanzar en ese camino? ¿Te conoces lo suficientemente bien como para responder hoy a esas preguntas? ¿Te conoces lo suficiente como para hacerte esas preguntas?

La ocasión de tu foto no tiene por qué ser un funeral o una misa de difuntos. Puede ser una ceremonia de jubilación, un cumpleaños número cien o un septuagésimo quinto aniversario de boda. No se trata del acontecimiento. Se trata de cómo sigues vivo en las vidas y los recuerdos de los demás, de cómo has dejado huella, y de lo que has construido con tu vida. Alguien te recordará y te recordará por algo. Durante cuánto tiempo y de qué manera depende de ti. Mi esperanza es que nuestras decisiones puedan conducirnos a un legado que se compagine con nuestros sueños e intenciones.

Vale la pena señalar que tu imagen del final bien puede evolucionar, como lo hizo la mía, con el tiempo. A medida que esa concepción cambie y crezca, ojalá cobre coherencia o aparezca un tema general. A medida que tu vida se explaya, es de esperar que tu final sea más claro y esté más definido. Sí, habrá obstáculos y dificultades. Lo que planeamos no siempre es lo que realmente sucede. Tenemos que ser capaces de adaptarnos, sin perder de vista el objetivo final.

Hay un Walmart cerca de la casa en la que mi mujer y yo hemos vivido casi un cuarto de siglo. Yo frecuentaba mucho ese Walmart, sobre todo cuando nuestros hijos eran pequeños. A nuestro hijo le encantaban los juegos de Lego y a nuestra hija las muñecas Barbie y los peluches, así que pasaba mucho tiempo en la sección de juguetes. Cada vez que llevaba a mis hijos allí para comprarles más juguetes que no necesitaban, nos cruzábamos en la puerta con la persona que da la bienvenida. Casi siempre la misma. Se llamaba Frankie y siempre tenía un cuento qué compartir (usualmente largo); siempre tenía un consejo para mí como fiscal; siempre tenía una recomendación para las fuerzas policiales que yo debía transmitir al *sheriff* (enseguida preferiblemente); y a veces, un consejo para Sam Walton —fundador de Walmart—, por más que yo le recordara todas las veces que no era probable que me tropezara con él a lo largo de la autopista de la vida.

A Frankie le encantaba hablar y siempre estaba de buen humor. Estoy casi seguro de que la persona que estás imaginando ahora mismo, con el tipo de personalidad que se requiere para dar la bienvenida en Walmart, es bastante exacta. Su vivacidad y comentarios siempre me arrancaban una sonrisa lenta, pero firmemente, me enseñó a llenarme de paciencia.

La vida siguió su curso. Mis hijos crecieron y sus gustos en juguetes se encarecieron considerablemente. Pero siempre había una razón por la que necesitaba ir a Walmart y Frankie siempre estaba allí en la puerta. Hasta que dejó de estar. Llevaba desaparecida una semana cuando, por una razón que no entiendo muy bien, decidí mirar una sección del periódico local que rara vez reviso: los obituarios. Allí estaba.

Mi esposa tiene un especial sentido de lo adecuado para cada situación. Ella sugirió que lo correcto era que fuera a presentar mis respetos en el velorio de Frankie. Yo ni siquiera sabía el apellido de Frankie hasta que leí la esquela, y ciertamente no sabía nada de su familia. Pero mi esposa dijo que debía ir, así que fui. Manejé hasta una pequeña funeraria en una zona rural de nuestro condado. No había muchos autos en el estacionamiento y tampoco una fila de gente entrando, por lo que pensé que me había equivocado de funeraria o de hora. Pero seguí la señalización por el pasillo y encontré la sala con el ataúd de Frankie. Sólo había un puñado de gente de pie alrededor. Sin formalidades. Sin ceremonia; al menos no esa noche. Presenté mis respetos y me marché poco después. Me pareció triste que tan poca gente estuviera allí. No sé lo que esperaba, pero era diferente de lo que vi.

Ojalá hubiera hablado con la gente que estaba allí aquella noche. Ojalá hubiera hablado del modo en que Frankie se acercaba a los desconocidos con amabilidad y humor; del modo en que entablaba relaciones a intervalos de un minuto a medida que la gente pasaba por lo que ella llamaba "su puerta". Su legado influyó en mi manera de ver a los extraños e inclusive, en mi forma de percibir las conversaciones triviales. En realidad, no siempre son tan "triviales"; al menos para las personas con las que hablas. Hay perlas de sabiduría en los breves encuentros que tenemos en la vida y nunca es un mal momento para hacer que los demás se sientan valorados.

Lo cierto es que el legado perdura mucho más allá de las palabras pronunciadas o no en tu funeral. Tu argumento final no consiste sólo en lo que la gente dice de ti —o en cuánta gente habla—, sino en cómo les hiciste sentir. El argumento final de Frankie se redactó a partir de la decisión que tomó cada día de presentarse con una sonrisa; su decisión de hablar que algunos podrían llamar "extraños" y recordarles la importancia de ir más despacio dándole prioridad a las conexiones humanas. Ella decidió intentar hacer del mundo un mejor lugar, de la mejor manera que sabía. Hacía que la gente se sintiera bienvenida, y ese es uno de los mejores sentimientos que se le pueden brindar a alguien.

A menudo pienso en Frankie cuando paso delante de un Walmart. En realidad, pienso en Frankie mucho más a menudo que en el hombre que fundó Walmart. Su memoria me recuerda que debo ir más despacio; que está bien sonreír de vez en cuando y no tener siempre tanta prisa. La vida no es una carrera de cien metros planos. Está bien hablar con la gente con la que caminamos esta maratón. Me pregunto cuántos otros compradores de Walmart fueron impactados por Frankie de la misma forma que yo. Apuesto a que, si hubiesen sabido que falleció, habría habido un mayor público en la funeraria aquella noche. Pero el tamaño de la audiencia con frecuencia no equivale a la calidad de la actuación.

Si juzgamos el éxito por la veneración pública, la atención de los medios, la fama, la riqueza, los premios o los títulos, supongo que no se puede decir que Frankie haya sido sumamente exitosa. Si, por otro lado, medimos la vida —la acumulación de las decisiones que uno toma— de acuerdo con la longevidad y significancia de los recuerdos de algunos, aunque sean pocos, entonces yo diría que Frankie sigue viva y coleando.

No se puede establecer un libreto preciso de lo que ocurrirá al final, pero pensando profundamente lo que "quieres" que digan de ti, cómo "quieres" que te recuerden —ya sea expresado en tu velorio o relatado en un libro años después—, te orientará sobre si empezar, quedarte o dejar algo cuando te encuentres en una encrucijada.

La nota con la cual terminar

Redactando el argumento final de aquel primer juicio por homicidio, había un número de ángulos diferentes donde elegir. Teníamos cientos de evidencias. ¿Con qué quería yo que se quedara el jurado? ¿Sería la huella digital encontrada en la Biblia de Ricky Samuel? ¿Sería el simbolismo de llevar a un hombre a aceptar a Jesús y luego dispararle dos balazos en la nuca, asegurándose, de hecho, que se encontrara con Jesús? ¿Sería el testimonio de los co-conspiradores? ¿Sería el motivo de querer eliminar un testigo? ¿Cómo podíamos cerrar el caso de la forma más eficaz y persuasiva posible?

Decidí cerrar con una única y escueta fotografía de la escena del crimen.

Esa fotografía tenía la ventaja de la simpleza, al implorar al jurado que sencillamente ejerciera su sentido común colectivo. Representen mentalmente la escena tal y como aparece en la fotografía: el cuerpo sin vida de un joven yace a escasos metros de un estanque con hierba y árboles alrededor. La única evidencia contenida en la fotografía es el propio muerto. El autor no aparece en la fotografía. El arma homicida no aparece en la fotografía. No obstante, esa fotografía fue poderosa. La soledad fue elocuente. La inhumanidad fue elocuente. La incapacidad del gobierno federal para proteger a sus propios testigos fue elocuente.

En esta fotografía algo se refleja en el agua del estanque. La yerba y los árboles se reflejan en el agua. ¿Y si esos fueran de verdad nuestros testigos? ¿Y si la yerba y los árboles pudieran prestar testimonio? ¿Qué diría la fotografía si pudiera hablarnos?

De hecho, nos está hablando. Con solamente escuchar, nos dice lo que pasó. La fotografía tiene el agua necesaria para un bautismo fabricado. Tiene el aislamiento necesario para un crimen. Tenía el anonimato que alguien que no fuera del área querría y necesitaría. Tenía la ausencia de los testigos tradicionales. Las fotografías no tienen recuerdos fallidos. Son la destilación concisa de un momento y lugar específicos. Y en ese sentido, son los mejores testigos que puede haber.

¿Quién tenía motivo para matar a Ricky Samuel? ¿Quiénes eran los nuevos rostros en su vida que podrían atraerlo hasta una pequeña extensión de agua a millas de distancia del lugar que llamaba su hogar? ¿En quién confiaba lo suficiente para subir a un automóvil en su compañía e ir en busca de un adecuado estanque bautismal? Si pudieran rebobinar esta fotografía desde el momento en que fue tomada hasta que se creó la que de hecho es la imagen que muestra ¿quién creen que estaría allí? ¿De quién sería el reflejo que veríamos en el estanque? ¿Y no creen que el reflejo en el agua pertenecería a la misma persona cuya huella digital se encontró en el Libro de Ezequiel?

Como era el primer juicio por asesinato en el que participaba, experimenté cruda y agudamente los sentimientos de pérdida, finitud y soledad que acompañan a los casos de homicidio. Los investigadores de homicidios experimentados y los litigantes pueden acostumbrarse con el tiempo a estos sentimientos, pero para mí eran totalmente nuevos y, más importante aún, serían totalmente nuevos para los miembros del jurado. Sabía que para ganar el caso necesitaba que mi argumento final apelara tanto a la lógica, como a esas emociones crudas que resonarían profundamente en el jurado, los observadores, los encargados de la decisión final. A lo largo del juicio, sabiendo que quería terminar con la fotografía, hice hincapié en la inhumanidad del homicidio y los acontecimientos que lo precedieron, apelando a la humanidad del jurado, empatizando con las emociones que los hechos del caso invocaban.

Algo terrible, trágico y fatal había sucedido a la orilla de ese estanque, aun cuando no hubiese nadie para atestiguarlo. La ausencia de percepción humana no obviaba la realidad. Una vida fue arrebatada, aunque no quedara nadie entre los vivos para decirnos quién lo hizo.

Siempre hay preguntas al final de un juicio, independientemente de la cantidad de evidencias. La gente está programada para hacer preguntas. En cierto modo, estamos proyectados para ver dudas en nosotros mismos y en los demás. La fotografía permitió al jurado hacer todas las preguntas correctas mientras deliberaba. Y el uso de la razón, la probabilidad y el sentido común, a medida que examinaban la evidencia y los testimonios, proporcionaron las respuestas a esas preguntas.

Bob Harry Fowler y Tommy Pabellon fueron condenados por un jurado federal en Greenville, Carolina del Sur, a cuatro cadenas perpetuas por el asesinato a sueldo del testigo federal Ricky Samuel. He perdido la cuenta del número de casos de homicidio que procesé después del de Ricky Samuel. Pero nunca perdí de vista la táctica que funcionó, al menos para mí. Empieza por el final. ¿Cuál es el último punto que quieres exponer y cómo puede todo lo demás que hagas y digas facultarte para exponer ese argumento?

2

Mira en el espejo

Las decisiones que tomes en tu vida determinarán tu éxito. Pero primero, tu decisión más importante determinará qué aspecto tendrá el éxito en tu vida. Define el éxito en términos de lo que puedes controlar: tus palabras, tu mentalidad, tu esfuerzo. Las pequeñas decisiones que tomamos cada día importan. Decidir usar un lenguaje respetuoso cuando discutes con tu jefe, ser optimista en cuanto a los resultados de los proyectos en los que estás trabajando, optar por leer este libro en vez de ver televisión, planear salir con tu pareja o hacerle regalos para demostrarle que te importa. Cuando decides controlar tus acciones cotidianas, tu sensación de satisfacción proviene de las decisiones que tomas y no sólo de los resultados, lo cual es una forma más estable y duradera de enfocar el éxito.

Pirámides y órdenes ascendentes

Cuando era niño mi padre nos narraba historias —a mis tres hermanas y a mí— acerca del juez Donald S. Russell, el hombre que le dio su nombre al juzgado federal de mi ciudad natal de Spartanburg, Carolina del Sur. El juez Russell era alguien a quien yo admiraba en gran parte por su extraordinario currículum. Vi al juez Russell una sola vez, así que sabía de él sobre todo por sus logros. Fue gobernador del estado de Carolina del Sur, presidente de la Universidad de Carolina del Sur, senador de los Estados Unidos, juez de una corte federal de distrito y juez de la Corte de Apelaciones del Cuarto Circuito, por mencionar sólo algunos de ellos.

La anécdota favorita de mi padre acerca de Donald Russell era que los sábados de otoño, el juez Russell iba de Spartanburg a Columbia con su familia por los partidos de fútbol americano de la Universidad de Carolina del Sur. Una vez en Columbia, la familia dejaba al juez Russell en una biblioteca o en un parque para que pudiera leer mientras el resto de la familia iba al partido de fútbol. ¡Hablando de prioridades equivocadas! ¿Quién dejaría pasar la oportunidad de ver un partido de fútbol de los *Gamecocks* de Carolina del Sur para leer un libro más?

Creo que el sentido obvio de la historia de mi padre era que el juez Russell valoraba mucho los estudios, formales o no. Pero también podría haber sido que Carolina del Sur no era muy buena en fútbol americano en aquel entonces, y por lo tanto, al juez Russell le parecía más entretenida la biblioteca o un banco del parque. Si el juez Russell seguía valorando el estudio y la lectura a esas alturas de su vida, después de haber logrado todo lo que había logrado, sin duda sería inteligente por mi parte valorarlos aún más durante mis años de formación. La educación no era un objetivo para el juez Russell, era un proceso. No fue algo que simplemente debía obtenerse, sino algo para ser experimentado. Entendía perfectamente el punto en la anécdota de mi padre. Pero no apliqué esas lecciones a mi propia vida. Al menos no entonces.

Durante mucho tiempo la trayectoria y la fama del juez Russell marcaron la pauta de lo que para mí era una vida exitosa. Debía acumular un logro profesional sobre otro, cada paso estrechando el camino hasta que algún pináculo fuera alcanzado. La vida es una pirámide y el objetivo es alcanzar la propia cima. Él había llegado a la cima y yo debía esforzarme por hacer lo mismo.

El modelo piramidal del éxito es más o menos así: naces en la base de la pirámide. De la mayoría de nosotros se espera que hagamos ciertas cosas, como graduarnos de la escuela secundaria y evitar interacciones con el sistema de justicia criminal. Por esos "logros" no se recibe crédito, salvo que tu pirámide permanece largamente intacta. Esa es la base de la pirámide. No te distingue de los demás, simplemente te mantiene en el juego, como la apuesta inicial en una partida de póquer.

A partir de allí cada una de tus decisiones se convierte en un bloque de construcción de la pirámide, estrechando el sendero que escala hacia las alturas, aun cuando el camino se hace más precario a medida que avanzas. Tus búsquedas vocacionales se transforman en peldaños hacia la cima, cada ascenso te eleva y distingue aún más. Cualquier premio y reconocimiento que recibes a lo largo de tu vida te ayudarán a construir tu pirámide, separándote de otros que puedan tener trayectorias y metas profesionales parecidas. Finalmente, al tope de la pirámide hay un legado duradero; una reputación que perdura incluso después de que hayas dejado de existir, como que el edificio de un tribunal sea bautizado en tu nombre. Llegar a la cima de la pirámide es alcanzar la singularidad en el sentido más puro de la palabra. Significa que has hecho o logrado cosas que no han sido replicadas por otros.

Basándome en parte en el ejemplo del juez Russell, mientras crecía —y bien entrada la adultez—, solía preguntarme: ¿Qué aspecto tiene la cúspide de mi pirámide? ¿Cómo voy a distinguirme? ¿Cuántas cosas he hecho que otros no hayan hecho? Pensaba que sólo podía demostrar mi singularidad haciendo cosas que los demás consideran loables o excepcionales. Era una forma agotadora de ir por la vida.

La parte educativa de mi pirámide fue bastante delgada y endeble. Recuerdo recibir el anuario de mi último año de bachillerato. Había una página dedicada a los "Diez alumnos más destacados", estudiantes que habían sobresalido más académicamente, en atletismo o de otra manera. No encontrarán mi nombre en esa página del anuario de nuestra preparatoria ni en ninguna otra; más allá de la foto obligatoria de la clase, lo cual es algo más o menos equivalente a un reconocimiento por participación. Aunque traté de labrarme algo parecido a una existencia significativa, mi deseo de éxito se vio abrumado por el miedo al fracaso. Es muy difícil conseguir algo importante si no te aventuras o lo intentas. Una parte de ti te dice que te lances, mientras el resto de ti dice que lo más probable es que fracases. Y el resultado fue lo que percibí como la nada: ningún impacto o algo por lo cual distinguirme. Cuando recibí el anuario en mi salón de clases, volteé las páginas y vi mi fracaso. Anonimato y fracaso.

Nuestro hijo se graduó en la misma escuela que yo unos treinta años después, y allí estaba en la página de "Alumnos destacados". La base de su pirámide ya se veía distinta y mucho mejor que la de su padre. Pero él había evitado esa definición de éxito en la vida. Dudo que abriera siquiera su anuario y, si lo hizo, puedo asegurar con certeza que no fue para juzgar si había alcanzado fama en la escuela. Aunque había logrado entonces mucho más que su padre durante esa misma etapa, para él no tenía importancia. Él, inteligentemente, no utiliza una pirámide para definir una vida de éxito o permite que los redactores de un anuario de bachillerato determinen su valía.

Pero yo sí lo hice entonces y seguí haciéndolo incluso después del bachillerato. La vida continuaba y yo veía cada nuevo día solamente como una oportunidad más para que mi existencia se distinguiera de la de los demás. Decidí que lo que no había logrado con mi toma de decisiones en el bachillerato y la universidad, tendría que compensarlo con decisiones posteriores. Fui secretario de un juez de distrito. Otras personas también lo hicieron, pero no todas. Luego pasé a la Oficina del Fiscal de los Estados Unidos. También muchos hombres y mujeres trabajaron para jueces federales y luego se convirtieron en fiscales federales, pero al menos la pirámide se me antojaba cada vez menos ancha. A eso se sumaba mi candidatura a cargos políticos, primero como fiscal de distrito y después en el Congreso. Con cada nuevo empeño, intentaba añadir puntos de diferenciación o distinción que, para los observadores, hicieron que mi pirámide luciera como una vida bien consumada.

Observar la cumbre de la pirámide puede sonar como una forma menos mórbida de pintarse el final, que pensar en la línea de recepción o velorio antes de tu funeral. Se podría decir que es solo otra manera de empezar con el objetivo final en mente. Pero descubrí que la pirámide es un modelo defectuoso. Si vives buscando distinguirte de los demás, vivirás para conseguir un título o una reputación externos, en lugar de un propósito o una aspiración interna. Te verás restringido a un camino angosto. ¿Cómo sería la vida si aceptáramos nuestra singularidad desde el principio y dejáramos de pretender demostrarla?

A menudo la vida nos encadena a una definición del «éxito» acuñada en nuestra juventud y no parece que podamos superarla alguna vez. En mi caso esta pirámide, combinada con un miedo innato al fracaso, dejó sentada una definición de lo que es una vida bien vivida que la convertía en un objetivo inalcanzable y agotador. Aun así, por años no pude quitármela de encima. Mientras no puedo culpar al honorable juez Russell de que yo lo haya convertido en un inalcanzable modelo de éxito, su extenso currículo y reputación substancial me dejaron sintiéndome inadecuado e inferior a la norma, independientemente de mi edad o de lo que yo en realidad alcanzaba.

Escalar peldaños

Otro modelo popular del éxito es el de la escalera, en el cual cada peldaño representa incremento en los logros y aumento de poder o valor. Suele usarse la metáfora de la escalera para describir los logros profesionales: a medida que te ascienden, escalas. No es de extrañar que se hable comúnmente de "trepar la escalera del éxito".

Tengo unos cuantos amigos ven el éxito según el modelo de la escalera y algunas de esas personas tienen la vista puesta en el mismísimo peldaño más alto de la escalera, es decir, la posición más poderosa en el país y, posiblemente, del mundo: presidente de los Estados Unidos de América.

Según las mejores estimaciones, 545 millones de personas han nacido o se mudaron a Estados Unidos desde que nos convertimos en país. Ha habido cuarenta y seis presidencias en ese periodo de tiempo, con cuarenta y cinco hombres diferentes ocupando (por ahora) ese cargo. (Como recordarán, Grover Cleveland fue presidente dos veces, pero no sucesivamente, así que lo contaremos una vez).

Basándome tan solo en información de primera mano, en este momento puedo pensar en no menos de veinticinco hombres y mujeres que están considerando presentar su candidatura a la presidencia en 2024 o después. Más aún, hay cien senadores estadounidenses, cincuenta gobernadores, cuatrocientos treinta y cinco miembros de la Cámara de Representantes y docenas de embajadores y funcionarios de gabinete. Es seguro asumir que muchos de ellos aspiran a ser presidente. Y luego están los artistas, comentaristas de televisión, anfitriones de programas de radio y otros que creen que ellos serían también buenos líderes del mundo libre.

De modo que un montón de gente aspira a —y quizá inclusive defina el éxito como conseguirlo— un cargo para el cual las posibilidades de "ser contratado" son menores que las probabilidades de ganar el *Mega Millions* o, para ser más puntual, de que le caiga a uno un rayo encima mientras cobra el billete de lotería premiado.

El modelo de la escalera depende de superar y sobrepasar a otras personas. En primer lugar, eso no es siempre posible y, en segundo, deja a mucha gente rezagada o cayendo. Todos esos aspirantes a presidente no serán "fracasados" en sus vidas simplemente porque no consigan algo increíblemente difícil de lograr. Tiene que haber algo de valor y propósito más allá del peldaño más alto de esa escalera. Tiene que haber algo más en la vida que simplemente mirar hacia arriba y escalar, por no mencionar el hecho de que cuanto más alto subes, más lejos llega la gente para verte caer.

Cuando reflexiono en mis amigos que están contemplando presentarse al cargo más alto del país, o postulándose a gobernador de un estado, o lo que sea que se perciba como el escalón más alto del territorio que han elegido, siento la urgencia de preguntarles lo mismo que a ti: ¿Quieres que la medida de tus triunfos esté marcada por títulos, cargos y logros? ¿O quieres que lo que consigas en la vida esté definido por la lucha misma, la aventura, los retos, las actividades que consideras dignas de tu tiempo? ¿El éxito es lo que haces o lo que eres?

De mis amigos actuales que cuando se miran al espejo ven a un potencial presidente de los Estados Unidos, quizá uno, si tiene suerte, llegue a "triunfar" durante mi tiempo de vida. La mayoría ni siquiera será *el* nominado por su partido político. Pero eso no puede significar que estas personas sean unos fracasados. Mi esperanza para ellos, y para ti, es que se consideren un éxito rotundo simplemente porque se aventuraron, lo intentaron y compitieron.

Es una cuestión de perspectiva. Si podemos encontrar una manera de mover el foco y pasar de fijarnos en lo que alcanzamos a lo que nos atrevimos a hacer, podremos empezar a tomar mejores decisiones por nosotros mismos. Y si somos capaces de enfocar nuestra identidad —la medida de nuestro propio valor— de lo que nos atrevimos a hacer a lo que nos animamos a llegar a ser, no en términos de títulos sino de carácter, entonces podremos ver el éxito no desde lo alto de una escalera sino desde la plenitud de una vida consumada, rodeado de amigos y familia y plenos de aspiraciones, empresas y carreras que amamos.

Puedes caer de una escalera o una pirámide. Curiosamente, cuanto más alto la has escalado, más dolorosa es la caída. Ambas perspectivas de éxito hacen que los cambios de dirección luzcan como un fracaso. Si decides cambiar de camino, ambos modelos implican que todo el trabajo realizado hasta ese momento ha sido inútil, y hay que volver a empezar desde abajo. Si después de diez años de carrera en el sector de los seguros decides que quieres ser escritor de novelas románticas, regresarás a la casilla de salida, como si se tratara de una terrible versión tamaño vida real del juego de mesa Serpientes y Escaleras.

Yo te recomendaría renunciar tanto a la pirámide como a la escalera, en pro de algo con muchas más probabilidades de conducirte a tu fotografía y resumen final deseados.

El hombre en el espejo

En 2015, durante mi tercer mandato en el Congreso, se abrió una ventana de oportunidad para presentarme a la presidencia de la Cámara de Representantes. Había un camino, aunque pequeño, hacia la victoria. John Boehner iba a dimitir. Kevin McCarthy, el favorito evidente, se había retirado de la posibilidad. Intentaban engatusar a Paul Ryan para que se presentara, pero su verdadero deseo era quedarse siendo presidente del Comité de Medios y Arbitrios. De modo que había un cargo muy codiciado sin candidato ostensible al frente y eso abría, por ende, un camino. Eso sin duda me habría acercado al peldaño siguiente en mi pirámide: Presidente de la Cámara, tercero en la línea del presidente de gobierno. Hasta habría compensado el que no apareciera en la página de Alumnos Destacados del anuario escolar.

¿Debo empezar o quedarme? ¿Debo postularme a una posición que se presenta con poca frecuencia, si es que lo hace alguna vez? ¿Debo aprovechar el momento para hacer algo que nadie me creía capaz de hacer? ¿Debo conmocionar a cada profesor que he tenido? ¿Podría perdonarme alguna vez el tener al alcance de la mano una oportunidad de las que cambian la vida y no estirar el brazo? La mentalidad piramidal decía: "¡Empieza! ¡Ve a por ello!".

Pero para entonces, afortunadamente ya había cambiado el señuelo de la pirámide única por la estable seguridad del espejo. Ya no sentía la necesidad de ser diferente o exitoso a los ojos de alguien más. Ya no necesitaba un título que me destacara. Solamente sentía la necesidad de ser exitoso a los ojos de unos pocos y sobre todo a mis propios ojos, al mirarme al espejo.

Es difícil precisar el momento exacto en que trepé esa montaña de cambios, transmutando mi ponderación externa del éxito por una interna. Desde muy joven confundí lo que hacía con lo que era. Confundía lo que lograba o dejaba de lograr con mi sentido de valía. Irónicamente no juzgaba así a los demás. Una de las cosas más amables que oí decir a mi padre sobre mí fue: "Trey trata al dueño del edificio igual que al que limpia el edificio". Y mi padre tenía razón. Yo intentaba hacer eso con casi todo el mundo, salvo conmigo mismo.

Una vez que aceptas que al menos a una persona en el mundo de verdad no le importa si trabajas en el Capitolio o cortas el césped alrededor del Capitolio, puedes sentirte liberado. Puedes sentirte redimido. Para mí, esa persona es mi esposa Terri. A lo largo de nuestra vida juntos y gracias al amor que me ha demostrado, fui capaz de distanciarme del modelo piramidal al que siempre me había suscrito. Bromeo diciendo que ni siquiera estoy seguro de que mi esposa supiera que fui miembro del Congreso durante ocho años. Sencillamente, no es así como ella me juzga o juzga el valor que tengo para ella o para nuestros hijos. Para ella cuenta tu personalidad, no tus logros. Cuenta cómo actúas, no lo que alcanzas. La atención que suscitas y la notoriedad nunca significaron nada para ella. Los dos hombres a los que más respetaba en la vida eran su padre y su hermano y no por nada que hicieran, sino por lo que eran. Es liberador encontrar a alguien que te valora por lo que eres y no por lo que logras. Y es aún más liberador cuando por fin empiezas a escuchar a esa persona.

Y más liberador todavía, que te conviertas en ese alguien para ti mismo.

Yo pasé de escalar la pirámide a mirarme al espejo cuando Terri me entregó las llaves que me permitieron salir de esa prisión autoimpuesta. Otra persona puede abrir la puerta de la prisión, pero tú debes afirmativamente querer salir y abandonarla. No es que ya no me importaba lo que los demás pensaran de mí. Me importaba, hasta cierto punto. Pero ya no era prisionero de lo que fuera que pensaban. He aceptado que mi pirámide se parecerá mucho a la de los demás cuando llegue mi hora. Y aun si fuera distinta, ahora sé que son pocas las personas que cuentan para mí que lo notarían o les importaría.

El camino de mi vida ya no necesita ser ascendente para que lo defina como exitoso. Ahora me miro al espejo (metafóricamente, no se consigue un peinado como el mío pasando un montón de tiempo frente al espejo) y me pregunto: "¿Esta decisión la tomo por mí?, o por los demás… ¿Provocará un quiebre en las relaciones y cosas que me alegran la vida? ¿Veré menos a mi familia, o no podré jugar tan a menudo al golf con mi hijo y mis amigos? ¿Me lleva esta decisión por un camino que me acerca al argumento final que deseo, a la fotografía final que quiero para el álbum de la vida? ¿Estaré a gusto con la realidad de esta decisión (el esfuerzo diario que entraña) y le hallaré propósito? ¿O nada más con el concepto (el título y el prestigio)".

En el caso de la oportunidad de postularme a candidato para la presidencia de la Cámara, cuando tuve el chance de empezar algo nuevo, el espejo me dijo: "Sigue como estás".

No tenía el menor deseo de cumplir con el sin fin de tareas que exige ser Presidente de la Cámara. No quería viajar cada fin de semana a ayudar a colegas con memoria corta, que era posible que no la apreciaran de todas maneras. No quería poblar comités ni arbitrar peleas o ser responsable de arrear los gatos de las diversas facciones dentro de la convención Republicana más grande. El cargo no me habría convenido, ni yo tampoco a él, y el título – cualquier título en este momento— había perdido su encanto.

Con el modelo del espejo, el éxito —la definición del éxito y la actualización de ese éxito— viene de adentro. El éxito no es un monumento exterior de tus logros que estás erigiendo continuamente, sino una práctica de autorreflexión y autorrealización, permitiéndote tomar decisiones que constituyan un eco de tu rumbo deseado.

Ahora, cuando la gente me pide consejo sobre cómo labrarse una vida exitosa, les narro la historia de la pirámide, la escalera y el espejo. Les explico los tres aspectos clave que hacen superior al espejo (aunque hay más):

1) No te circunscribe a un camino lineal. El espejo reconoce que, a medida que cambias y creces, también lo hacen tus sueños y planes. Puedes tener éxito, aunque decidas cambiar de carrera dos veces a lo largo de dos décadas.

2) Te faculta para encontrar satisfacción en la fase de la vida en la que estás en el momento. Esto te permite estar más presente y celebrar y aprovechar los logros de esa fase.

3) Se centra en las opiniones de la gente que cuenta. En lugar de coleccionar títulos y logros externos, el espejo te empuja a enfocarte en tu propósito y tu carácter —objetivos internos— y buscar las opiniones de quienes mejor te conocen. Puedes ver a otros en el espejo —en especial a tus más allegados— y tomar en cuenta sus reflejos, pero tu éxito no depende de la percepción de nadie más; o sus comportamientos, sus comentarios o sus elogios.

La vida no se desarrollará en línea recta. Puede que empieces tu carrera como fiscal y acabes en la televisión. Puede que estudies Historia para pasar menos tiempo en el salón de clases y luego te encuentras no sólo obteniendo un título de abogado, sino además de pie frente a uno de esos salones, dando clases en el colegio y la escuela de leyes. Mirando directamente a la persona del espejo, serás capaz de ver más claramente el rumbo que debes seguir.

De modo que, como me lo pregunto a mí mismo y a los que vienen a pedirme consejo, te lo pregunto a ti también: "¿Qué ves en el espejo? ¿Te gusta lo que ves?"

Qué buscar

Ahora bien, algunos pueden estar pensando que sólo cambié mi perspectiva sobre el éxito después de que ya había construido, escalado y llegado a la cumbre de la pirámide. Al fin y al cabo, yo era miembro del Congreso, así que debió de ser fácil para mí decir que los galardones externos no importan cuando ya había logrado lo que otros podrían considerar una vida de éxito. Y no están equivocados.

Si alguien me hubiera presentado un modelo diferente de éxito cuando era más joven, no sé si lo habría seguido. Me gustaría pensar que sí, pero no estoy seguro. Estoy claro de que mi madre o alguien más trató de convencerme temprano en mi vida de que fuera la mejor persona que podía, y dejara que todo lo demás se pusiera en su sitio después. La idea de consideración positiva incondicional, no vinculada a actos o logros, para nada es nueva. Pero es difícil cambiar de forma de pensar cuando hemos sido condicionados por otros o factores externos o la cultura, para ver y definir el éxito de una determinada manera. Toma tiempo observar los fallos y defectos de nuestros modelos actuales y comenzar a deconstruirlos. Toma tiempo aprender la vieja lección de que esas cosas no traen satisfacción. Toma tiempo confiar en nosotros mismos como responsables creíbles de la toma de decisiones y definidores de nuestro propio éxito. Pero una vez que fui capaz de hacerlo, me encontré deseando haber llegado a ese punto mucho antes en mi vida.

Para definir el éxito por ti mismo, mírate al espejo, reflexiona sobre tus decisiones pasadas y hazte algunas preguntas: ¿Cuándo te sentiste más realizado y satisfecho? ¿Qué hiciste en tu vida que te haya llenado de sentido de propósito? ¿Cuándo decidiste ser o hacer algo tan solo por alguien más y qué efectos tuvo eso en ti? De todo lo que has construido y hecho en tu vida, ¿de qué estás más orgulloso? ¿Pensaste alguna vez que un logro no valía el sacrificio? ¿Las opiniones de quién te importan más y por qué? ¿Tomaste alguna vez una decisión por el beneficio de tu imagen a los ojos de otros? ¿Cómo resultó? ¿Hubo alegría? Y si la hubo ¿cuánto duró?

Todas estas preguntas pueden ayudarte a construir tu propia definición de éxito. Y es importante recordar que todo lo que has edificado hasta este momento no es desperdicio ni quedó atrás; está informando lo que ves cuando te miras al espejo.

Puede que lo que decidas hacer en la vida, a otros les parezca la misma escalera. A los ojos del mundo igual alcanzaste el éxito. Pero que eso sea un beneficio accesorio, no el objetivo. Mi padre no quería que estudiara en la Universidad de Carolina del Sur o me prohibió matricularme, según la versión de los hechos que se adopte. Así es como realmente acabé en la Universidad Baylor en Waco, Texas. Mi padre no quería que estudiara en Carolina del Sur, aunque él lo hubiese hecho y amara esa universidad con todo su corazón. Probablemente tenía razón. No me habría ido bien rodeado de amigos de la secundaria durante esos cuatro años. Así que me fui a Texas. Pero sí terminé en la escuela de leyes de Carolina del Sur, que en aquel momento era la única del estado, de modo que fue una especie de combinación entre necesidad y oportunidad. En mayo de 2022, regresé a la Universidad de Carolina del Sur para un último ejercicio de inicio de curso. El presidente y la junta directiva me concedieron un doctorado honorario por servicio público. Para que quede claro, no me lo merecía ni me lo merezco, pero me lo voy a quedar de todos modos.

No llevé a mis padres conmigo a la ceremonia. No se los dije con antelación. Tuve que poner todo mi empeño para convencer a mi esposa de que se quedara en casa. Creo que ni siquiera se lo mencioné a mis hijos. No me importaba, ni entonces ni ahora, que nadie lo supiera salvo mis padres después del hecho. Ese era mi objetivo: compensar la mediocridad que me impidió obtener un título de pregrado allí años antes, regresando más tarde en la vida a recibir un doctorado honorario. Así que allí estaba yo en el escenario, sentado a un puesto de distancia del presidente, entre el presidente de la junta directiva y el presidente de la junta directiva anterior, ambos del área en la que crecieron mis padres. Por eso fui, por mis padres. Porque tenía sentido para mí hacer algo por ellos. Aunque también porque Dr. Trey suena muy parecido a Dr. Dre, lo cual es genial.

Esculpe tu camino

Solía sentir una enorme admiración y presión cuando pensaba en el juez Russell. Me lo imaginaba en lo alto de una pirámide cuando, en realidad, estaba sentado en un banco del parque leyendo un libro durante un partido de fútbol. Si nos centramos demasiado en medidas artificiales del éxito, podemos perder de vista lo más importante, que son las propias personas. Ahora, cuando pienso en el juez Russell, me lo imagino leyendo tranquilamente en un parque disfrutando de la plenitud de una vida sin fútbol americano. Claro, otros le pusieron su nombre a un palacio de justicia, pero él no estaba sentado en ese edificio que lleva su nombre leyendo un libro. Estaba sentado en un banco sin nombre de un parque. Eso era lo que él valoraba. Eso era lo que debería haber visto cuando pensaba en él todo el tiempo.

Tus razones para empezar algo nuevo no deberían depender de nadie a quien no puedas ver claramente en tu espejo. Tus decisiones no siempre deben tener sentido para todos los demás. Por supuesto, deben ser cuidadosamente consideradas y basadas en pensamiento racional. Pero es tu vida y sólo tienes una; y cuando sólo tienes "una" de cualquier cosa, debes valorarla y ser un buen administrador.

Lo que tú consideras importante y cómo defines el éxito probablemente no coincida con lo que otros consideran importante o exitoso. Esa puede ser una buena medida para tomar decisiones acertadas. Esculpe tu propio camino, mírate al espejo a menudo y no te dejes distraer por escaleras y pirámides de las que otros quieran convencerte que subas o construyas.

3

¿Qué es lo peor que puede pasar?

Cada vez que tuve que encarar cambios de dirección importantes para empezar algo nuevo y me vi en un punto muerto, recurrí a un mantra que me ayudó a tomar la decisión final: ¿Qué es lo peor que puede pasar? Gran parte de decidir sabiamente cómo empezar algo nuevo, es preparación. Querrás estar preparado para los más diversos escenarios posibles, tanto si se trata de crear una empresa, jugando con la idea de trabajar por tu cuenta a tiempo completo, proponerle matrimonio a tu pareja, escribir un libro, o entrenar para un maratón. Prepárate para lo peor y espera lo mejor, pero consuélate sabiendo que estarás bien, aunque todo se vaya al diablo.

Riesgos y recompensas

En el panteón de frases hechas, clichés y viejos refranes que no resisten el escrutinio de la lógica, la afirmación "sin riesgo no hay recompensa" ocupa un lugar destacado. El único dicho que se me ocurre que tiene menos validez que ese en el mundo real es: "odio decir que te lo dije". En verdad la mayoría no puede esperar a decirnos que nos lo advirtieron y cómo tenían toda la razón. Pues así mismo, no es necesario correr riesgos en proporción directa a la recompensa deseada. Algunos riesgos son sencillamente estúpidos. Y algunas de las mayores recompensas de la vida requieren poco o ningún riesgo.

En vez de pensar en el riesgo, mi pregunta, cuando analizo si empezar algo o no, es: "¿Qué es lo peor que puede pasar? Si fuera a perseguir este objetivo, tomo esta decisión, opto por esta opción, ¿cuál es el peor escenario posible?"

Y mi pregunta siguiente es: "¿Tengo un plan para afrontar lo peor en caso de que ocurra?".

Mi idea es que tener un plan para el desastre vuelve manejable todo lo que no sea el desastre. Si no tengo plan para el desastre, si lo peor que puedo imaginar está más allá de mi capacidad para manejarlo o mitigarlo, lo más probable es que no tenga el menor interés en embarcarme en esa dirección.

Tal vez esta pregunta guía proceda de una ligera preocupación por la muerte. Quizá se deba a que mi padre era médico y mientras crecía escuchaba constantemente: "Un posible efecto secundario de este medicamento es sufrir una reacción anafiláctica".

Pero para mí, considerar el peor escenario posible no es vivir u obsesionarse con él, sino reconocerlo y elaborar un plan para afrontarlo o mitigarlo.

Es sorprendente las pocas veces que el peor de los casos se manifiesta. Rara vez se produce una reacción anafiláctica a la vacuna de la gripe. Pocas veces alguien abre una tienda y no tiene ni un cliente. Raramente la casa recién comprada resulta ser como en las que grabaron *Halloween* y *Viernes 13*. Pocas veces deja uno un trabajo para empezar otro y es despedido el primer día quedando desempleado.

Pero aun cuando lo peor ocurre, si lo anticipo bien, puedo sobrevivir. Puede resultar en un subsecuente movimiento lateral o, peor aún, en un retroceso, pero no es Catastrófico. Si de hecho fuera una catástrofe, no habría tomado la decisión porque no habría podido hacer un plan para lo peor. Es lo más parecido a un método infalible para tomar decisiones.

No soy una persona que tome riesgos.

Con mis antecedentes, me doy cuenta de que esta afirmación parece un poco absurda. Cuando alguien va a la universidad a medio país de distancia sin conocer a una sola alma, corre un riesgo. Cuando alguien escoge una profesión que requiere convencer a doce desconocidos de que confíen en las evidencias lo suficiente como para condenar a otra persona, corre un riesgo. Cuando alguien se postula a dos cargos de elección, corre un riesgo. Cuando los dos cargos a los que se postula están ocupados por titulares bien arraigados, corre un riesgo. Cuando alguien se gana la vida dando conferencias, escribiendo libros que otros pueden criticar, y critican, y aparece con frecuencia en televisión en vivo, corre un riesgo.

Y ya que ese alguien soy yo, ¿cómo puedo considerarme reacio al riesgo? Porque lo peor que me podía pasar en cualquiera de esos escenarios no era tan malo como para que no pudiese tender una red de seguridad para sobrevivir al fracaso. Tener un plan para posibles calamidades, te libera para trabajar sin estrés hacia la consecución de tu meta.

No existe almuerzo (preempacado) gratis

Este paradigma del escenario del peor de los casos en la toma de decisiones apareció por primera vez en mi vida en el verano de 1982, cuando tenía diecisiete años.

Me presenté a una audición para cantar en el coro de la iglesia y el ministro de la música me rechazó enseguida. Demasiado para la caridad cristiana. No sólo no conseguí un papel cantado, sino que el Sr. Wells decidió ampliar un papel no cantado en la próxima presentación para dármelo y que así no tuviera cómo caer en la tentación de cantar acompañando al resto del coro.

El papel se llamaba "el chico rebelde". En este musical religioso, el "chico rebelde" llevaba jeans agujereados mientras todos los demás debían llevar pantalones caqui con camisa unicolor. El rebelde debía llevar una bandana en la cabeza mientras los demás estaban perfectamente peinados. Hasta me lié un cigarrillo de mentira y lo puse detrás de mi oreja, hasta que los chaperones lo vieron y casi me excomulgan. Ya tenía el vestuario. El papel no requería de "actuación" alguna. Pero todavía tenía que asistir al ensayo del coro los domingos en la tarde para prepararme para la gira del coro de la Primera Iglesia Bautista de Spartanburg. La gira del coro de mi iglesia consistía en viajar en autobús de diez días a dos semanas para visitar cárceles y prisiones en diferentes regiones geográficas del país.

El viaje se acercaba. Faltaba una semana para la partida cuando uno de los chaperones anunció que tendríamos que llevar una bolsa de almuerzo para la primera parte del viaje. Estaríamos en un autobús vía Columbia, en Carolina del Sur, y luego hacia Georgia, y necesitábamos un almuerzo que pudiéramos comer durante el viaje. Mi madre y padre estaban fuera de la ciudad, de modo que ninguno de los dos me haría el almuerzo (a decir verdad, no importaba que mi padre estuviese fuera o no, él no era opción para hacerme un sandwich). Mis tres hermanas habrían preferido en ese entonces (espero que no ahora) verme morir de hambre antes que hacerme un sandwich. Yo estaba demasiado ocupado cortando las mangas de mis camisas y metiéndome completamente "en el personaje" como para prepararme yo mismo una bolsa de almuerzo.

Cuando anunciaron que necesitábamos una para llevar, yo estaba en un lado de la sala del coro con algunos de mis compinches, contemplando a la criatura más hermosa sobre la que hubiéramos posado nuestros ojos: una joven llamada Terri Elizabeth Dillard. Imaginen que la Jaclyn Smith de Los ángeles de Charlic tuviera una hermanita menor aún más bonita. Ahora añadan la sonrisa más radiante que hayan visto en su vida y combínenla con una personalidad efervescente. ¡Así era Terri Dillard! Todos estábamos mirándola, cosa que hacíamos con bastante frecuencia. Ella, en cambio, nunca había notado a alguno de nosotros. Jamás.

—Creo que voy a pedirle a Terri Dillard que me haga el almuerzo, —dije.

Mis amigos se echaron a reír.

—¡Ni siquiera sabe que existes! Además, ¡las chicas como ella no preparan almuerzos; no a tipos como tú!

—¿Qué es lo peor que puede pasar? —fue mi respuesta. Me lo repetía una y otra vez. Lo peor que puede pasar es que diga que no. Pero se supone que es cristiana, así que tendría que ser un "no" amable ¿no es así? Estamos en la iglesia, así que incluso si dice "no", sería un "no" tranquilo, probablemente seguido de alguna excusa poco convincente, en lugar de un "no, ni ahora ni nunca" rotundo.

Lo peor que puede pasar cuando un chico de diecisiete años le pide a Helena de Troya que le prepare un almuerzo no es algo tan malo. Ella dice que no. Soportas las burlas de tus amigos. Evitas el contacto visual con ella durante el resto de tu vida y ya está. Así analicé el asunto. Lo peor que puede pasar es que sonría y diga que no puede hacerlo.

Si dice que no tengo el recurso de pedirle a la madre de uno de mis amigos que me ayude. Además, mis amigos sabrán que no le tengo miedo a nada. Si puedes acercarte a Terri Dillard, que no se ha fijado en ti ni un solo día de tu vida y pedirle que te haga un almuerzo, literalmente puedes hacer cualquier cosa en la vida.

Así nació el paradigma de toma de decisiones que me ha acompañado desde entonces. Haz un mapa de los posibles resultados. Asigna una probabilidad a esos resultados. Imagina la peor de todas y elabora un plan para sobrevivirla, y ya tienes un modelo de toma de decisiones que funciona.

El destino quiso que ella dijera:

—Claro, me encantaría hacerlo. Y lamento tanto que tus padres estén fuera de la ciudad. Debe ser durísimo para ti.

O alguna otra respuesta angelical que la gente normal no da. Treinta y nueve años más tarde Terri sigue dispuesta a hacerme algo de comer si se lo pido amablemente, aunque, gracias a Dios, mi madre ya no viaja tanto como entonces, así que sigue siendo una opción viable. ¿Y creen en los milagros? Ahora puedo hacer mis propios almuerzos. Más o menos.

El riesgo de una humillación privada entre un grupo de chicos de diecisiete años en la iglesia luce pálida comparada con la recompensa de treinta y dos años de matrimonio con Terri Dillard. La recompensa superó exponencialmente cualquier riesgo que yo hubiera podido identificar.

Encuentra tu mantra

"¿Qué es lo peor que puede pasar?" Dependiendo del tono con que se diga puede sonar despreocupado, pero no lo es, sino un reconocimiento del miedo y un deseo de seguridad. ¿Pondrá esta decisión en peligro mi seguridad o la de mi familia? ¿Podré recuperarme del fracaso si sigo adelante? ¿Cuáles son las posibles consecuencias financieras? ¿He examinado detalladamente todas las consecuencias posibles de esta decisión y creado un plan de contingencia por si fallo? Y por "examinar detalladamente" no quiero significar considerar de pasada cualquier cosa que a uno se le ocurra. Significa anticipar activamente y revisar cuidadosamente todas las consecuencias posibles, e intentar el desarrollo de un plan para hacer frente a esas consecuencias.

Mientras continúas trabajando racionalmente tu decisión de empezar o no algo nuevo, te animo a que tengas un mantra para la toma de decisiones, una frase a la que recurrir, un paradigma, un modelo que te prepare para sumergirte dentro y a través del proceso de toma de decisión en paz y con conocimiento. Si eres un cínico, como yo, el paradigma del peor de los casos te puede funcionar bien. Otro bueno podría ser: "No vayas a ir por la vida diciendo que desearías haberlo hecho".

Es sencillo. Es profundo.

"¿De qué tienes miedo?" Ese es otro paradigma que algunas personas usan para tomar decisiones. Desde luego, es más un enfoque humanista que científico o matemático. El miedo es difícil de cuantificar. Pero eso no significa que no podamos luchar con él y dominarlo hasta cierto punto. Usa tu mente y asigna algunas probabilidades a lo que temes. No te limites a esperar a "encontrar paz" para perseguir un objetivo, porque la paz puede ser un visitante poco frecuente. Y no siempre reconocemos la paz cuando se presenta.

Tal vez sea el abogado que hay en mí, pero esperar hasta estar "seguro" también va a ser una larga espera. ¿Cómo se define esa certeza? ¿Cien por ciento seguro? ¿Más allá de una duda razonable? Oímos bastante la palabra "convencido" y a su primo hermano, "seguro". "¿Estás convencido?" "¿Está usted seguro?" El criterio para la toma de decisiones en la corte, cuando se trata de despojar a una persona de su libertad, reputación, recursos e incluso su vida, no es la "certeza". Es: "más allá de una duda razonable". Los jueces incluso recuerdan a los jurados que es imposible demostrar o saber algo con total certeza. Así que "más allá de cualquier duda razonable" o "firmemente convencido" es suficiente para una corte criminal. Si "firmemente convencido" es suficiente para un juicio por homicidio capital, también debería serlo para tomar la decisión de empezar un máster en negocios o lanzar la empresa de diseño interior con la que siempre has soñado.

Otros mantras de la toma de decisiones son:

- Todo sucede por una razón.

- ¿Realmente importa en el esquema general de las cosas?

- Lanza una moneda.

- Ve a lo grande o vete a casa.

- Ojos claros, corazones rebosantes, no pueden perder.

- ¡Oye, mira esto! (Ese es el paradigma de toma de decisiones que usaban la mayoría de mis compañeros de fraternidad en la universidad).

Ninguno de estos me ha resultado a mí tan eficaz como razonar a través del peor de los casos. Algunos de estos modelos para tomar decisiones te pueden hundir en una crisis existencial que haría que la decisión nunca fuera tomada (lo cual es en sí y de por sí una especie de decisión). Otros, sin querer, pueden determinar que la respuesta preestablecida para todas las decisiones o elecciones de la vida es sí o no.

Cualquiera sea el paradigma para el primer paso que escojas, debe ser coherente con quién eres, lo cual significa que tendrías que conocerte a ti mismo antes de elegir tu mantra.

El impulso del domingo

Empezar algo nuevo a menudo te coloca en una posición bastante vulnerable. Probablemente te encuentras cómodo dónde estás, sabes qué esperar y has construido un ritmo de vida en cierto modo predecible. La familiaridad es apacible. Hay seguridad en lo conocido. Cuando empiezas algo nuevo todo eso cambia: lo que antes era constante, estable y cómodo se convierte en irregular, incierto y desafiante. La mayoría de nosotros tenemos una predisposición natural a la comodidad, de modo que, si nos limitamos a surcar la vida sin mapa ni orientación, probablemente seguiremos sintiéndonos confortables aunque tal vez nunca nos sintamos realizados.

La comodidad me recuerda a los automovilistas de los domingos por la tarde detrás de los cuales solía quedar. Tal vez tú también hayas estado alguna vez detrás de ellos. En mi caso, siempre se trataba de una pareja mayor que iba muy por debajo del límite de velocidad y que de hecho reaccionaba a la luz amarilla de los semáforos antes de que se pusieran en rojo. Incluso cuando el condenado semáforo está en verde, ¡bajan la velocidad anticipándose al amarillo! No se dirigen a ninguna parte; despacio. Se sienten cómodos solo dando vueltas.

Pero no se trata solamente de las personas mayores que dan vueltas en auto los domingos por la tarde. A todos nos puede pasar lo mismo en nuestras relaciones, trabajos y ubicaciones. Las cosas son conocidas y, por tanto, confortables. Y así dejamos de esforzarnos y simplemente nos conformamos.

Empezar algo nuevo, probar algo diferente, cambiar lo que es cómodo y familiar, es mirar más allá de las señales próximas de lo establecido, mucho más adelante en la vía —pasando signos que avisan de lo incierto, calzadas irregulares, curvas fuertes y caminos cerrados—, hasta el escenario final que deseas. Hacia allí te diriges.

Puedes prepararte para el viaje que te espera. Puedes prever cuántos desenlaces tu mente pueda conjurar de modo que puedas empezar algo nuevo con confianza. Siempre habrá incógnitas y riesgos, pero mediante la preparación podemos evaluar lógicamente los riesgos mientras continuamos permitiendo que nuestros sueños nos atraigan hacia ese futuro que deseamos y al que aspiramos. Mi mantra para la toma de decisiones —¿qué es lo peor que puede pasar?— es un experimento mental que no rehúye el riesgo, sino que lo invita a participar en la decisión e incluso traba amistad con él. En lugar de embarcarme en nuevas empresas a ciegas, con el entusiasmo por delante, me aseguro de que el entusiasmo y la cautela trabajen a dúo para llevarme con más seguridad a ese sueño o esa meta. Reconoce y evalúa el riesgo y luego piensa cómo puedes suavizar las consecuencias si ocurriera lo peor. Esta preparación te dará la confianza que necesitas para empezar algo nuevo.

A veces, lo peor que puede pasar es no aprovechar la oportunidad que se nos presenta. A veces dejamos que gane la comodidad cuando en realidad deberíamos haber asumido el riesgo.

Los sueños, los objetivos y las aspiraciones son fuerzas poderosas en nuestras vidas y si no las escuchamos, las alimentamos y confiamos en su capacidad para guiarnos —acompañadas por la lógica, por supuesto—, es muy posible que nos perdamos todo lo que la vida nos ofrece. Elegir lo seguro en cada decisión que tomamos puede llevarnos a una vida cómoda, pero es ignorar y menospreciar las partes de nosotros mismos que nos hacen cobrar vida, que son nuestras pasiones y aspiraciones.

Dudo que quieras que el estribillo dominante en tu fiesta de jubilación o en tu velorio sea: "vaya, sí que llevaba una vida cómoda, reacia al riesgo y de lo más aburrida" o "era quien mejor sabía conformarse con las cosas sin esforzarse ni arriesgarse nunca.

Empezar algo nuevo es asumir un riesgo y punto. Asúmelo. Analízalo. Afróntalo. Con el entusiasmo y la cautela como guías puedes sentarte y disfrutar del viaje con baches y todo.

4

Consulta tus sueños

Cada decisión que tomes tendrá una única hoja de balance de hechos y tú, serás el único y exclusivo contable de tu vida; estarás muy bien situado para interpretar ese balance mientras intentas tomar la mejor decisión. Al sopesar los riesgos y los beneficios, los pros y los contras, las pasiones y las obligaciones, a menudo descubrimos que hay un sueño, una esperanza, una meta, una aspiración que nos empuja en una dirección a pesar de lo que otros podrían considerar más prudente. A mí me ha pasado y me alegro de no haber escuchado las voces de la "prudencia", incluso cuando una de las voces era la mía.

El trabajo soñado

Entre el año 1994 y el 2000, tuve lo que fue mi empleo ideal —mi trabajo soñado—: era fiscal federal. El nombre exacto es Asistente del Fiscal del Estado. No hay sensación profesional en el mundo comparable con la de ponerse de pie ante un juez o un jurado y decir: "Aquí estoy en nombre de los Estados Unidos de América".

Nunca quise tener una chapa de matrícula personalizada en mi vehículo cuando estaba en el Congreso (por muchas razones, entre ellas que no quería que me sacaran de la vía quienes no apreciaban mis votos). Ni siquiera tuve una matrícula personalizada cuando era procurador de circuito. Pero, caramba, sí quería una cuando fui fiscal federal. No tanto porque quisiera que los demás supieran a qué me dedicaba, sino porque quería tener un recordatorio diario de que por fin había conseguido el trabajo de mis sueños. Era todo lo que yo pensaba que quería en una carrera, un trabajo estimulante, un propósito loable para ese trabajo, y el mejor cliente que se puede tener, mis conciudadanos.

Un juez de la Corte Suprema de los Estados Unidos dijo lo siguiente sobre el papel de los fiscales federales:

"El Fiscal de los Estados Unidos es el representante no de una parte habitual en una controversia, sino de un soberano cuya obligación de gobernar imparcialmente es tan imperiosa como su obligación absoluta de gobernar; y cuyo interés en un proceso criminal no es, por ende, ganar un caso, sino que se haga justicia. Como tal, es el servidor de la ley en un sentido peculiar y muy definido, cuyo doble objetivo es que la culpa no escape ni la inocencia sufra. Puede procesar con seriedad y vigor; de hecho, debe hacerlo. Pero si bien puede asestar golpes duros, no está en libertad de asestar golpes bajos. Su deber consiste en abstenerse de métodos impropios para producir una condena injusta y en acudir en igual medida a todos los medios legítimos para lograr una condena justa.*

Me creí cada palabra y tuve una sensación de propósito al principio de mi carrera como fiscal federal, que no la iguala ningún otro sentimiento profesional que haya tenido nunca.

Lo único que superaba esa sensación era la satisfacción que me daba el trabajo mismo. A diario los fiscales federales tienen contacto con agentes de todas las esferas de la aplicación de la ley. Se reúnen con las víctimas y les ofrecen alguna esperanza de que la justicia pueda estar cerca. Se enfrentan a talentosos abogados defensores. Se esfuerzan por persuadir a los jurados mediante la mayor carga probatoria conocida por la ley, más allá de toda duda razonable. Son interrogados por jueces de primera instancia y más tarde, por jueces de apelación. Las cuestiones legales son un reto tan grave como pueden imaginar cuando lo que está en juego es la libertad y la justicia. Y la "justicia", no era una simple palabra o una aspiración. Era el objetivo diario. El trabajo de un fiscal federal no es simplemente ganar, es ser un ministro de justicia,

---

* Justice Sutherland, "Berger v. United States," Legal Information Institute, accessed May 18, 2022, https://www.law.cornell.edu/supremecourt/text/295/78.

como dijo aquel juez de la Corte Suprema. Nunca me he sentido más orgulloso de decirle a la gente a qué me dedicaba que cuando fui fiscal federal.

Y creo que la mayoría de las personas que trabajaron conmigo —ciertamente mis colegas de las fuerzas del orden y de la Fiscalía— dirían que hice un trabajo bastante bueno mientras estuve allí. Manejé cientos de acusaciones e investigaciones de gran jurado. En menos de seis años procesé o participé en el proceso de casi cincuenta casos. Procesé tres casos en una semana, algo casi inaudito. Hubo atracos a bancos, robos de coches, casos de pornografía infantil e incluso el asesinato del testigo federal Ricky Samuel. Esos casos me parecían importantes; cumplía mis sueños y ayudaba a mantener a salvo a mi comunidad llevando a juicio crímenes que victimizan a la gente.

Pero, como en muchos otros trabajos, la realidad no coincidía del todo con la aspiración. Hacer realidad un sueño puede resultar a veces más prosaico que imaginarlo. Ser fiscal federal, por bueno que fuera, seguía sin ser exactamente lo que yo esperaba o deseaba. Lo que empezó como algo nuevo y emocionante se convirtió, con el tiempo, en algo rutinario. Más de la mitad de mis casos eran de armas de fuego y estupefacientes. Los casos de armas de fuego involucran por lo general la posesión de un arma de fuego sin derecho legal a ello, pero a menudo el arma no se había usado en la comisión de un delito sino simplemente la posesión de ella. Los casos de drogas eran principalmente delitos económicos, personas que vendían estupefacientes, de manera similar, al menos para mí, a cómo otros pueden malversar dinero, atracar bancos, falsificar cheques o robar automóviles. Ninguno de los acusados que procesé fue condenado o siquiera acusado de vender estupefacientes a jóvenes o niños.

Después de haber llevado diez casos de narcóticos, se vuelven monótonos. Las cuestiones jurídicas son las mismas, los retos que enfrentan los testigos son los mismos y los resultados son casi siempre iguales: un joven ingresa a la Oficina Federal de Prisiones para pasar ahí una parte de su vida, mientras las drogas siguen siendo tan fáciles de conseguir —y en algunos casos tan baratas— como lo eran antes de que llevaras el caso. La gente tiene diferentes perspectivas sobre los juicios por narcóticos y yo respeto las diferentes posiciones. En mi experiencia, el principal resultado de un caso de narcóticos era un largo período de encarcelamiento por un crimen en el que no hubo muertos ni heridos, con la salvedad de que, por supuesto, el consumo de narcóticos puede ser dañino para las personas. Pero hay un montón de sustancias legales que tampoco son saludables.

Por otra parte, también procesé a personas por posesión de pornografía infantil que explota a los niños en formas horribles. Aun así, esos acusados recibieron penas de prisión más cortas que personas que poseían cocaína base con la intención de distribuirla. Como comenté antes, cinco gramos de cocaína base equivalen a una pena mínima obligatoria de cinco años de prisión federal, aun cuando el acusado acepte su responsabilidad y se declare culpable. Esa sentencia obligatoria es un año más larga que la sentencia de un acusado al que procesé y fue condenado por posesión de pornografía infantil. Después de ver las imágenes de esos niños pequeños en el juicio por pornografía infantil y presenciar la repulsión física y la ira del jurado, la desproporción en las condenas entre los delitos que causan un daño escandaloso y los que tienen su origen en la pobreza y la necesidad económica, empezó a perturbarme. Empecé a preguntarme, como te puede pasar en algún momento de tu viaje, si este seguía siendo el trabajo de mis sueños.

Esa falta de proporción me asaltó con gran fuerza en el estacionamiento de la Corte de Distrito en Anderson, Carolina del Sur. Acababa de terminar un juicio por drogas y el acusado había sido declarado culpable e iba a ser condenado a cadena perpetua sin posibilidad de libertad condicional por conspiración para poseer metanfetamina con intención de distribuirla. El acusado era un importante traficante de drogas con un largo historial delictivo. No sentía ningún tipo de simpatía por él. Pero no podía quitarme de la cabeza el asunto de la proporcionalidad. Mientras caminaba hacia mi camioneta, recordé uno de los primeros casos en los que participé en el sistema federal. Mi papel fue en el mejor de los casos insignificante, pero los hechos del caso me marcaron para el resto de mi vida.

Llevaba pocos meses en la Fiscalía de los Estados Unidos cuando una mujer denunció que, mientras estaba parada en un semáforo en rojo en una zona rural del condado de *Union* en Carolina del Sur, un hombre afroamericano la obligó a salir del auto y se lo llevó con sus dos hijos pequeños todavía dentro. Era el tipo de delito que la mayoría de nosotros más tememos: un delito cometido por un desconocido con la vida de los niños en juego. Las acusaciones de robo de automóvil y de secuestro implicaban que el caso podía tener jurisdicción federal, ya que tanto el secuestro como el robo de vehículo podían ser delitos federales.

Desde temprano en la investigación, los policías del condado de *Union* con los que hablé desconfiaron de las acusaciones de secuestro y robo de automóvil. Robar un auto es una cosa. Se hace por dinero. Llevarse un auto con dos niños pequeños dentro es mucho más inusual. No se había pedido rescate. No había llamadas del supuesto secuestrador. Ningún niño había sido abandonado en una gasolinera o en la carretera. Pero el trabajo de las fuerzas del orden es investigar todas las pistas, incluso las que parecen descabelladas e impracticables. Investigaron todas las posibilidades.

Y los policías locales tenían razón.

No hubo robo de auto.

No hubo secuestro.

No había un hombre afroamericano en un semáforo.

Hubo una madre, Susan Smith, que ató a sus dos hijos en la parte de atrás de su auto y dejó que rodara y se hundiera en el lago John D. Long.

Terri y yo teníamos un hijo pequeño cuando Susan Smith asesinó a sus dos hijos pequeños. De hecho, nuestro hijo cumplió dos años el día en que ella metió a sus dos niños al auto y dejó que rodara hasta un lago. No hay nada que la mayoría de la gente no haría para salvar a un niño. Arriesgaríamos ahogarnos, arriesgaríamos quemarnos, arriesgaríamos cualquier cosa por cualquier niño. El deseo de proteger sería aún mayor si se tratara de nuestro propio hijo. La mayoría de los padres nunca se mueve más rápido que cuando uno de sus hijos se dirige hacia un peligro potencial.

Contrasten eso con las decisiones que tomó Susan Smith. Me preguntaba cómo sería el sonido de los arrullos y balbuceos de los niños en el auto mientras los llevaba a lo que ella sabía que sería su muerte. Me pregunté cuántas veces habría pronunciado la palabra "mamá" alguno de los dos niños en el trayecto hasta la rampa para botes. Me pregunté si habría tenido dudas mientras colocaba el auto en la rampa que llevaba a la orilla del agua. Cómo tomó la decisión de salir del coche dejando a los dos niños atados en sus asientos. Si oyó a sus hijos preguntándose por qué mamá salía del coche, por qué el coche se metía en el agua, dónde estaba mamá.

Ella estaba en la rampa viendo a sus dos hijos ahogarse. Allí estaba.

Y durante más de una semana dejó que una nación llorara y sufriera con ella. Durante más de una semana hizo creer a la nación, que ella era una víctima, cuando en realidad era el monstruo.

No hubo cargos federales por robo de auto o secuestro, porque no hubo robo de auto o secuestro. Hubo un homicidio capital. Este fue un caso que sería juzgado en la corte estatal de Carolina del Sur por un hombre que terminaría convirtiéndose en un colega y un amigo querido: el entonces procurador Tommy Pope.

Ese caso anda siempre rondando mi cabeza porque, aún después de casi treinta años, su depravación sigue abrumándome. Pero me saltó a la mente yendo hacia mi camioneta en el estacionamiento de la corte federal de Anderson, Carolina del Sur. El hombre que sería condenado por esos cargos de drogas cumpliría el resto de su vida en una prisión federal sin posibilidad de libertad condicional. Mientras que Susan Smith fue condenada a cadena perpetua "con" posibilidad de libertad condicional, pasados los treinta años de pena. Susan Smith será un día elegible para libertad condicional a pesar de haber asesinado a sus propios hijos. Eso no es proporcional. Eso no está bien. Eso no es justo.

Aunque tenía, pensaba yo, el trabajo de mis sueños —fiscal federal—, el trabajo había empezado a parecerme menos útil. Empecé a preguntarme si era posible seguir siendo fiscal, pero ocupándome de otro tipo de casos, en los que la condena pareciera más proporcional al delito, como homicidios, agresiones sexuales, robos con allanamiento de morada y atracos a mano armada. La respuesta fue afirmativa: eso es lo que hacen a diario los fiscales de las cortes estatales.

El cargo de fiscal de distrito, o procurador de circuito como se les denomina en Carolina del Sur, es un cargo electivo en el que el fiscal representa al estado en asuntos criminales. Ser fiscal federal es como ser un neurocirujano especializado en una parte del cerebro, mientras que ser fiscal estatal es como ser médico de urgencias una noche de fin de semana en Nueva York. Ambos cargos son esenciales y gratificantes, pero la variedad y el alcance son mucho mayores en el sistema de justicia criminal estatal. Yo quería estar en el lugar donde se persiguen los delitos que victimizan a las personas, los delitos que sacuden la conciencia de una comunidad.

Reunir los hechos

Una vez que reconocí que mi sueño había cambiado y que me interesaba ahora una trayectoria profesional un poco distinta, tuve que tomar una decisión. Estaba en la encrucijada entre un viejo sueño y uno nuevo y entonces empezó el diálogo interno: "¿Dejo la oficina de la Fiscalía de los Estados Unidos después de casi seis años de trabajo e inicio un nuevo camino como fiscal estatal, o me quedo con lo que me es familiar y cómodo, aunque no siempre estimulante?". Necesitaba conocer todos los hechos antes de lanzarme. De modo que hice lo que les pido que hagan: recopilé los hechos y escribí los pros y los contras basándome en ellos.

A todos se nos ha animado a sopesar los pros y los contras. No es difícil. Pero ¿cómo se ordenan, estructuran y categorizan esos hechos? ¿Cómo saber en qué lado de la balanza colocarlos y qué peso tienen? No todos los hechos son iguales. Es un hecho que me gustan las camionetas *pick-up* Mercedes-Benz. Me parecería genial tener un emblema de la Mercedes en una pickup fanguera. También es un hecho que las *pick-up* Mercedes-Benz todavía no existen o al menos no para consumo masivo. Sólo existen en versiones de diseño. También es un hecho que esas camionetas serían muy caras y probablemente habría que vender un riñón para poder pagarlas. Este último hecho estaría muy arriba en mi lista de contras a la hora de la decisión de comprar una. Probablemente sea un hecho que el paracaidismo es estimulante y proporciona recuerdos para toda la vida. También es un hecho que el paracaidismo requiere estar en el aire a gran altura y supone el uso de un avión y esos dos hechos por sí solos se sobreponen a cualquier posible regocijo.

Para hacer una buena lista de pros y contras hay que reunir toda la información pertinente de la forma más objetiva posible. Muchas veces habrá algún sesgo inicial a favor o en contra de una decisión. Somos humanos y tenemos instintos. Si nuestro instinto inicial es aceptar el trabajo o comprar el vehículo, podemos sentirnos tentados a dar prioridad a unos hechos sobre otros. Hay que esforzarse por evitarlo en la fase de recopilación de la información. Yo lo he resuelto teniendo en mente que, independientemente de las evidencias, la decisión final es mía. Puedo apartar un hecho convincente y favorecer un hecho o un dato que parece menor y menos significativo. De modo que si el poder de tomar la decisión lo tengo yo ¿por qué no voy a querer toda la información? La gente suele ocultarle información al que toma la decisión. ¡La decisión es tuya! ¿Por qué ibas a ocultarte cosas a ti mismo?

En mi proceso personal, esto me hace ganar tiempo. Me conozco lo suficiente para saber que la paciencia no es mi fuerte. Soy propenso a tomar una decisión precipitada o impetuosa. Tengo que obligarme a tomarme tiempo porque, al menos para mí, el tiempo equivale a una mejor toma de decisiones. Conseguir todos los elementos de información pertinentes puede y debe llevar su tiempo. Alguna información será obvia, otra aparecerá con sólo pensarlo un poco y luego, me digo, hay elementos de información que son los que distinguen a los buenos investigadores de los que no lo son tanto. Sé el mejor detective o investigador posible y consigue esa información a la que otros no estarían dispuestos a dedicarle esfuerzo ni, cosa para mí decisiva, su tiempo.

Una vez hecho esto puedes empezar a sopesar cada hecho. Aquí es donde el conocimiento de uno mismo desempeña un papel crucial. Conocer tus prioridades, capacidades, motivaciones, aspiraciones y oportunidades te ayudará a situar los elementos en tu lista de pros y contras. Conoce los hechos y conócete a ti mismo.

Al sopesar los hechos es importante tener en cuenta los beneficios, las oportunidades, los riesgos y las consecuencias. La palabra "consecuencia", al menos para mí, tiene cierto matiz negativo. En realidad, es benigna. Las consecuencias no son más que los resultados de la acción o la inacción.

Fíjate que no he dicho que haya que sopesar los hechos objetivamente. No hay nada objetivo en cómo priorizamos las cosas que amamos y tememos en la vida. La recopilación de hechos debe ser objetiva, pero la asignación de valor a cada uno de esos hechos es inherentemente subjetiva e individualizada.

Así que empecé mi lista con los hechos que había recopilado:

Ventajas de empezar una nueva carrera como fiscal estatal:

- **Más variedad en la carga de trabajo.** Si consigo el puesto, me ocuparía de algo más que de casos de armas de fuego y drogas. Trabajaría en los tipos de casos que muchos fiscales se ven impulsados a llevar; como atracos a mano armada, robos, violaciones, agresiones y asesinatos capitales.

- **Más propósito en lo que hago.** Me parecía que la mayoría de los delitos violentos se persiguen en el sistema judicial estatal y que, por tanto, ese sistema necesita buenos fiscales tanto o, en mi opinión, más, que en el sistema federal.

- **Más posibilidades de ascender.** Presentarse exitosamente a elecciones llamaría la atención de los responsables de la toma de decisiones en el estado que, llegado el momento, seleccionan a los jueces de las cortes federales de distrito o al fiscal de los Estados Unidos. Tener éxito en unas elecciones a fiscal estatal me abriría el camino hacia otros puestos en el sistema judicial a los que podría querer aspirar algún día.

Contras:

- **Tenía que presentarme a elecciones.** Como nunca lo había hecho antes, resultaba realmente el mayor inconveniente de la lista.

- **Podía fracasar.** No dejaba la Fiscalía para "volverme" procurador de circuito. Dejaba la Fiscalía para "postularme" al cargo de procurador de circuito en una elección contra un titular en ejercicio que era popular, llevaba varios mandatos en el cargo y que no se proponía dejarlo. De hecho, acababa de cambiar de partido político, de demócrata a republicano, habiendo consolidado su apoyo sin perder una sola contienda política en ninguno de los dos partidos.

- **Perdería la seguridad y la familiaridad de mi trabajo actual.** Aun antes de conocer el resultado de las elecciones, tendría que dejar mi puesto de fiscal federal. Los fiscales adjuntos de los Estados Unidos no pueden participar en actividades políticas partidistas. Eso significaba que no podría anunciar mis planes políticos ni recaudar fondos mientras estuviera empleado como fiscal federal. Tendría que lanzarme al precipicio antes de saber si debajo había red de seguridad.

- **Tendría que recaudar fondos.** ¿Cómo iba a recaudar fondos para competir contra el fiscal de distrito en ejercicio? ¿Quién iba a ser tan tonto como para arriesgarse a patrocinar a un novato que no había dado prueba alguna y arriesgarse a enemistarse con el fiscal jefe de su condado?

- **Me costaría encontrar apoyos.** No era probable que otros actores políticos dudaran a la hora de apoyar a un candidato en funciones. Los titulares de un cargo son difíciles de derrotar y suelen recordar muy bien a quién los apoyó y, lo más importante, quién no.

El contraste era evidente y los riesgos superaban con creces a los beneficios. Noventa y nueve de cada cien veces, decidía quedarme en la Fiscalía de los Estados Unidos. No sé cuántas veces salí de casa a caminar por las vías de los carritos del campo de golf cercano, temprano por la mañana o por la noche con una linterna. El campo de golf era mi terapeuta y mi consejero. Caminaba y meditaba la decisión y cada vez que terminaba el paseo la conclusión era que los riesgos eran demasiado grandes, los contras superaban a los pros, y quedarme como estaba era lo más prudente y, sin embargo, no me sentía en paz. Intentaba tomar la decisión a la vieja manera bautista: elegir algo y esperar eso que llaman "paz". Pero no llegaba. Había comodidad. Había familiaridad. Había seguridad. Había un asentamiento. Pero no había paz.

Aún cuando los contras son más que los pros, a veces un pro puede pesar más que todos los contras. A veces la propia medida del éxito hace que un factor supere a veinte objeciones. Esto no significa que uno deba ignorar todas las objeciones. Hay que evaluar todos los hechos. Escuchar los miedos y los consejos que uno no quiere oír. En última instancia, sólo uno mismo puede saber el peso de cada hecho.

Como no estaba en paz con la decisión de quedarme en mi puesto de fiscal federal, pensé en mi mantra: "¿qué es lo peor que puede pasar?". Lo peor era, por supuesto, postularme a la elección y perderla. Así que empecé a imaginar redes de seguridad para suavizar la caída de la derrota si eso ocurría. Me dije a mí mismo: "Puedo conseguir un trabajo en un bufete privado para que las cuentas cuadren mientras soy candidato y así asegurarme de que mi familia tenga lo que necesita. Y tal vez, si hago un buen trabajo, me dejarían quedarme en el bufete si pierdo de las elecciones. E incluso, la experiencia de postularme y perder me serviría para la próxima elección o la siguiente siempre y cuando el actual procurador del circuito decidiera dejar el cargo".

Aun imaginé que me presentaba a procurador y perdía, y luego me volvía a la cola para ser fiscal federal. Intenté concebir todas las consecuencias negativas imaginables de una candidatura fallida. ¿Tenía un plan para sobrevivir si me tocaba alguna de esas consecuencias o, Dios no lo quiera, todas?

Tomando en cuenta todos los pros, los contras, la falta de paz, los posibles arrepentimientos y los peores escenarios posibles, decidí a fin de cuentas postularme al cargo de procurador de circuito. Y puedo decir con absoluta claridad que, en retrospectiva, fui un idiota. En realidad, desde cualquier punto de vista —hacia atrás, hacia delante o hacia los lados— fui un idiota. Los riesgos eran demasiado grandes y la recompensa demasiado improbable. Pero había examinado en detalle los peores escenarios y había concluido que el fracaso no sería insoportable.

En esas caminatas por el campo de golf, me di cuenta de que mis sueños habían evolucionado y cambiado. Ya no sólo quería ser fiscal, quería perseguir delitos que victimizan a las personas y eso no era lo que estaba haciendo. A fin de cuentas, el propósito y el significado superaban todos los argumentos a favor de la seguridad, la previsibilidad y la familiaridad.

Procurador de circuito era el sueño revisado, el objetivo que cuadraba con el argumento final que quería para mi vida. Coincidía con mi propia definición de éxito. Decidí perseguir ese sueño a pesar del costo, los riesgos y los sacrificios.

Buscar una perspectiva externa

Dejé mi trabajo como fiscal federal en febrero de 2000 y poco después anuncié que me postulaba a procurador de circuito. Las elecciones primarias eran en junio, así que iba a ser una carrera de velocidad de cuatro meses. Al principio, las cosas fueron como esperaba. Hubo mucha campaña puerta a puerta, noches enteras diseñando folletos de propaganda y otros materiales de campaña y esfuerzos por recaudar dinero para que esos materiales electorales salieran de mi guarida y llegaran a los buzones de los votantes. Me sentía solo. Echaba de menos a mis antiguos colegas de la Fiscalía de los Estados Unidos aún más de lo que pensaba. La campaña fue dura, pero no insoportable. Lo que más temía no había ocurrido. Aun.

Y entonces sí ocurrió, en una recepción de boda, para más señas. No soy muy aficionado a las bodas, sobre todo por lo angustioso que es adivinar si la feliz pareja va a optar por la vela de la unidad o la ceremonia de la arena, ¡es tan angustioso! Estoy bromeando. En realidad, mi principal objeción a las bodas es que casi siempre son un sábado. Los sábados hay muchas cosas que hacer y, en general, son un día muy inoportuno para ponerse un traje e ir a la iglesia. Para eso están los domingos. Si yo iniciara tendencias, sugeriría que empezáramos a celebrar las bodas los lunes por la mañana. No hay deportes en la televisión y uno tiene que levantarse e ir a trabajar de todos modos, así que basta desviarse un poco para pasar por la boda. Tiene más sentido. Pero, por desgracia, era sábado y Terri me obligó a ir a la boda. Peor aún, me anunció que también iríamos a la recepción.

Estábamos subiendo la escalinata del salón de recepciones cuando alguien me llamó por mi nombre. Levanté la vista y vi nada menos que a John B. White, Jr.; John Jr. era una figura jurídica y política prominente, exitosa y muy respetada de Spartanburg. Sabía que no apoyaba mi candidatura a procurador de circuito y que estaba trabajando a favor del procurador en ejercicio. Habían sido amigos desde hacía mucho tiempo, lo entendía y lo acepté. Se acercó a mí y habló en nombre del candidato contrario y de sus principales partidarios:

—Te apreciamos, Trey. Creemos que tienes futuro político, pero esta no es la elección adecuada para postularte. Hicimos una encuesta. Pierdes con una diferencia de ochenta a veinte por ciento. No queremos que pases vergüenza. Quizá quieras reconsiderar tu decisión.

Fue uno de los momentos más traumáticos de mi vida. Ahí estaba: la prueba contundente de mi aniquilación inminente. Ochenta por ciento contra veinte por ciento está más allá de un deslizamiento de tierra. Es una paliza que acaba con una carrera. Me quedé con la boca abierta. Estaba aturdido. Había vivido en Spartanburg desde que tenía cinco años. Mi padre era pediatra. Mi madre tenía muchos amigos. Mi esposa era muy conocida y querida. Su familia era conocida en círculos donde la mía no lo era. Pensé que teníamos apoyo. ¿Cómo pude calcular tan mal?

Fui a buscar a Terri, y le dije que teníamos que irnos. Ahora mismo. Creyó que había visto un fantasma (que en cierto modo era el fantasma de mi carrera política muerta). Llegamos a mi camioneta y me quedé sentado. Aturdido.

De camino a casa le dije a Terri que iba a renunciar a la elección. Estaba muy disgustado conmigo mismo por haber dejado la fiscalía, por haber calculado tan mal mis perspectivas electorales y por la vergüenza que iba a causar a mi esposa, a nuestros hijos y a mis padres al abandonar.

El deseo de acabar con el dolor es poderoso. También lo es el de evitarlo antes de que se produzca. En retrospectiva resulta irónico considerar que necesité meses para tomar la decisión de postularme, mientras que para abandonar estuve listo en un instante. Casi todas las consecuencias de la decisión de participar ya estaban asumidas y, sin embargo, habría abandonado la contienda en ese mismo instante si hubiera estado solo en la camioneta. Sencillamente por miedo a fracasar de una forma públicamente humillante. Perder por poco es una cosa. Fracasar a gran escala es mucho peor.

Terri me convenció de que al menos llamara antes al Dr. Dave Woodard, profesor de ciencias políticas de la Universidad de Clemson, antes de abandonar la carrera. Es inteligente y experimentado y recurrí a él en busca de consejo político para esta y otras muchas situaciones posteriores. También es conocido por la agudeza de sus encuestas políticas en Carolina del Sur. ¿Por qué será que no tuve la precaución de pedirle que hiciera un sondeo sobre esta elección antes de dejar mi trabajo en la Oficina de la fiscalía de los Estados Unidos? Si alguien lo sabe, por favor dígamelo ¡porque yo no lo sé!

Aquel sábado por la noche de abril de 2000, cuando ya eran casi las 9:30 de la noche, llamé a Dave Woodard, y le comuniqué la información de la encuesta del bando contrario.

—Hicieron una encuesta, Dave. Estoy perdiendo ochenta contra veinte por ciento, y literalmente todo el que tenga que ver con política en el condado de Spartanburg, salvo uno, apoya al otro candidato. Odio tener que hacerlo, pero creo que tengo que abandonar esta elección para ahorrarme a mí y a mi familia más vergüenza.

Su reacción fue inmediata y sucinta:

—¡Gracias a Dios, Trey, has subido al veinte por ciento! Es asombroso. Estabas en el dos por ciento cuando corrí una encuesta el mes pasado. No quería que te sintieras mal y por eso no compartí los resultados contigo. ¡Ahora vas muy bien! ¡Sigue así!

Perspectiva. Eso necesitaba. El veinte por ciento es terrible cuando tratas de llegar al 50,1%. Pero veinte por ciento está muy bien si empezaste con el dos por ciento. Cuando se toma la decisión de empezar algo nuevo, es inevitable dudar de uno mismo. Si eres como yo, te enfocarás en los posibles resultados negativos y, a medida que se hagan más reales, sentirás el impulso de abandonar el barco. Es entonces cuando debemos buscar otras perspectivas y dejar que las personas en las que confiamos opinen sobre el asunto. No debemos pedir a los demás que tomen decisiones por nosotros, pero a veces pueden ofrecernos una perspectiva que no habíamos considerado y que aclara nuestra decisión.

En junio de 2000 obtuve casi el 55 por ciento de los votos. Gané las primarias y contra todo pronóstico, fui elegido procurador de circuito. Creo que fue una buena decisión iniciar mi carrera como fiscal del Estado. No fue una buena decisión porque valió la pena; fue una buena decisión y valió la pena. Aun si hubiera perdido no lo consideraría un fracaso. No haberme presentado, habría sido un fracaso definitivo.

5

Chequeos y balances

Cuando te propones empezar algo nuevo y perseguir un objetivo, un sueño o una aspiración, es inevitable que surjan muchos miedos y otras emociones. Soy un gran defensor de la toma de decisiones centrada en la lógica, pero aprendí a apreciar el valor que la intuición y las emociones desempeñan en nuestras vidas. Me tomó un tiempo, pero he llegado a ver que los hechos y los sentimientos van de la mano, y ambos son ahora una parte vital de mi proceso de toma de decisiones.

Las tres ramas de la toma de decisiones

Soy de la opinión de que todo el mundo tiene una inclinación natural a tomar decisiones con la cabeza (lógica), el corazón (emociones) o las tripas (intuición). Los tres desempeñan un papel muy importante en nuestras vidas y no conviene minimizar a alguno hasta quitarle todo poder. Al igual que los tres poderes del Estado, proporcionan controles y equilibrios, lo mejor es que coexistan con cierto grado de fricción amistoso y constructivo.

Nuestra lógica a veces no tiene en cuenta nuestro bienestar emocional o lo que instintivamente sentimos que es la decisión correcta. Nuestro instinto puede llevarnos a tomar decisiones precipitadas, no guiadas por la lógica o la empatía y no moderadas por la sabiduría del tiempo. Y nuestros sentimientos son a menudo narradores poco fiables que hay que equilibrar con las voces de la lógica y la intuición.

Cuando nos proponemos iniciar una nueva aventura, la lógica debería conducir el vehículo, nuestra intuición puede servir de copiloto y ayudar con la navegación y nuestras emociones pueden sentarse atrás en una butaca individual y encargarse de la música. Si dejamos que la intuición o la emoción tomen el volante, más de una vez acabaremos perdidos o metidos en un callejón sin salida. La lógica nos mantiene en el camino hacia el destino final, pero de ninguna manera debe ser el único factor para tener en cuenta en la toma de decisiones. Eso haría el viaje solitario y la vida, una desolación.

Navegando el miedo

No siempre, pero con frecuencia, nuestra intuición toma forma de miedo. He vivido con miedo desde que tengo uso de razón. El miedo es un oponente exigente. Nunca duerme y siempre está susurrando algo. El miedo solía conducir mi vida, pero conseguí poco a poco, con el paso del tiempo, convertirlo en un pasajero. Lo dejo acompañarme en el viaje en forma de intuición, pero nunca dejo que sea el chofer. Al menos, ya no.

Primero, tenía miedo de ser abandonado por mis padres. No tengo idea de por qué lo temía. Mis padres eran personas estupendas, cariñosas y protectoras. Nunca me hubieran abandonado. Mi miedo era irracional, pero eso no lo hacía menos real o debilitante. Había una tienda Kmart en nuestra ciudad, a la que los seis miembros de la familia íbamos de vez en cuando. No tenía ningún interés en ir con mi madre y mis tres hermanas a la sección de ropa para niñas, así que me iba con mi padre cuando entrábamos a la tienda. A veces me costaba seguirlo. Lo perdía de vista y en lugar de quedarme quieto, pues sabía muy bien que mi padre no me había abandonado, entraba en pánico. Regresaba a la entrada de la tienda, buscaba al encargado y hacía que gritara por los altavoces: "¿Pueden por favor los padres de Trey Gowdy acercarse a la entrada de la tienda?".

Entonces el pobre gerente de Kmart y yo nos quedábamos allí plantados esperando a que mis padres vinieran a buscarme. Mi madre llegaba corriendo. Mi padre llegaba caminando. Me daría vergüenza decir cuántas veces pasó.

Hasta el día de hoy tengo miedos irracionales. Puedo reírme de mí por cobijarlos, pero no por ello son menos reales. Ya no necesito que mi madre me acompañe a Kmart. Mi miedo ahora es tener que ir a una tienda —a cualquier tienda, no solo a Kmart— y encontrarme con alguien que quiera hablar de política.

Tampoco puedo quedarme solo en casa por las noches. Terri rara vez se va de viaje sin mí, pero, cuando lo hace, hago que un amigo se quede en casa o yo me quedo en casa de un amigo o —me da vergüenza admitirlo—, me alojo en un hotel. Lo hice muchas veces. No tiene sentido. Pero no puedo quedarme solo en casa de noche.

Puedo analizarlo todo lo que quiera. Puedo razonar conmigo mismo. Puedo comprar sistemas de seguridad y cualquier otro medio de protección personal que se pueda imaginar. Pero sigo sin poder quedarme solo en casa por la noche sin una maestra de primer grado de cinco pies y cuatro pulgadas, de contextura menuda, que a veces se olvida de cerrar las puertas. Por cierto, Terri cree que se debe a que veo muchas series policíacas británicas por la noche, pero eso no puede ser ¿verdad?

Desde el punto de vista profesional, mi miedo siempre ha sido el mismo: que los demás perciban en mí falta de preparación. Esto es peor que una falta de preparación general. Eso lo podemos controlar. Mi miedo es que los demás me "perciban" como una persona poco preparada y la percepción de los demás suele escapar a nuestro control. Pasé más tiempo del que quisiera admitir anticipando lo que la otra parte (ya fuera en la corte o en la sala de audiencias del Congreso) iba a argumentar o presentar. Por supuesto, quería hacer un buen trabajo, para eso nos preparamos, pero mi gran temor era que los demás "me vieran" como alguien que no había anticipado un argumento, a quien agarraban desprevenido o con falta de imaginación para preverlo.

¿Qué papel desempeña el miedo en tu vida? ¿A qué temes especialmente y cómo afecta a tus decisiones? ¿Puedes convertir el miedo en un aliado y al mismo tiempo, inventar un antídoto contra su forma debilitante? Ahí está la clave: utiliza tus miedos tanto, como ellos te usan a ti. Cuando eres consciente de tus miedos y puedes expresarlos, puedes empezar a ver lo que tienen de bueno.

El miedo nos hace detenernos; eso puede ser bueno.

El miedo nos hace ser precavidos; eso puede ser muy bueno.

El miedo nos impide hacer cosas sobre las que instintivamente no estamos seguros. Eso puede ser útil cuando intentamos algo nuevo o diferente o que entraña algún riesgo.

Cuando el miedo nos acompaña, pero no conduce, podemos escuchar sus argumentos y, a fin de cuentas, controlar la situación. Podemos distinguir la racionalidad y la irracionalidad del rumbo que indica el miedo. El miedo no tiene por qué ser una debilidad si se usa para entender el peso, las consecuencias y los riesgos de una decisión. Hacer eso convierte el miedo en un valioso aliado, que entonces se transforma en intuición. Cuando puedes domar al miedo, puedes vivir junto a él.

Si no puedes domarlo, se convertirá en un dictador en lo que debería ser una democracia entre tu cabeza, tu corazón y tus entrañas. Y si no tenemos cuidado, escribirá nuestro argumento final en nuestro lugar y como la voz del miedo es tan fuerte, escribirá el relato de nuestra vida, en torno de sí mismo.

Mencioné el miedo al fracaso, el miedo a ser rechazado y el miedo a la violencia criminal. Pero el miedo se manifiesta de muchas formas. El miedo al rechazo nos impide conocer a otras personas o aprovechar oportunidades que podrían cambiar el rumbo de nuestras vidas. El miedo a pasar vergüenza o a que nos consideren poco inteligentes nos impide compartir pensamientos e ideas innovadoras que podrían revolucionar o modificar la forma de pensar de la gente. El miedo a perder a alguien nos impide entablar relaciones profundas.

Si no se domina el miedo, poco a poco lo veremos grabado en los bloques con los que se edifican nuestras vidas construyendo una prisión, decisión tras decisión, en lugar de un camino hacia el destino final deseado. Entrevista a tu miedo. Discute con él. Interrógalo. Díctale tus condiciones para que pueda enmarcar tus decisiones, pero no descarrilarlas. Cuando visualices los argumentos finales de tu vida y aquella última fotografía, asegúrate de que el miedo no sea uno de los anfitriones.

¿Cómo nos aseguramos de que nuestro instinto, nuestra intuición y nuestras respuestas al miedo no sean quienes conducen? Recurrimos a los contrapesos de la lógica y la emoción. Para equilibrar eficazmente el miedo, tenemos que centrarnos en los números (lógica) y en los demás (emoción).

1. Centrarse en las probabilidades por encima de las posibilidades. Cuando era más joven y mi hermana mayor se sentía abrumada por el miedo a algo, nos sentábamos y evaluábamos la probabilidad de que sus peores temores se hicieran realidad.

En una ocasión, ella estaba a punto de ir a un campamento de verano al aire libre y acababa de leer un libro sobre el famoso asesino en serie Ted Bundy. Temía que se escapara de la cárcel y fuera al campamento de su iglesia. Nos sentamos en su habitación y separamos las posibilidades de las probabilidades. Aplicamos la racionalidad numérica y establecimos un plan para el peor de los casos. Después concluimos que nunca íbamos a necesitar ese plan. (Por cierto, un plan bastante bueno consistiría en no leer libros sobre asesinos en serie justo antes de ir a un campamento al aire libre en algún lugar remoto de Carolina del Norte, pero creo que ella aprendió esa lección).

Es importante tener en cuenta todos los posibles resultados de nuestras decisiones, pero no debemos vivir con miedo al uno por ciento. No debemos vivir con miedo a que Ted Bundy venga al campamento de nuestra iglesia, o a perder nuestro trabajo por un simple error, o a mudarnos a una nueva ciudad y no hacer ningún amigo. Examinar tus miedos bajo la lógica y los números, enseña a aplacar el miedo con los hechos.

2. Centrarse en los demás mediante la compasión y la comprensión. También podemos combatir el miedo centrándonos en los demás. A menudo somos más valientes —más capaces de sobreponernos al miedo— cuando elegimos defender a alguien o algo que nos importa.

Mi esposa se ríe de que pueda quedarme solo si hay alguien más en la casa —aunque sea un bebé—, pero no puedo quedarme si solo estoy yo. Para ella no tiene sentido que mi miedo a estar solo lo elimine alguien tan joven que no podría hacer nada en caso de catástrofe. Entonces hice lo que los animo a hacer y he entrevistado a ese miedo en concreto; lo que he descubierto es que basta con que haya alguien, quienquiera sea, para que deje de pensar en cada ruido que oigo y me concentre en quien esté conmigo y posiblemente necesite protección. La idea de defender a los demás de un intruso, ahuyenta ese miedo particular.

También he observado este fenómeno en otras personas. Por ejemplo, la respuesta de mi esposa a la pandemia fue muy diferente de la mía. Se levantaba cada mañana y rezaba por sus alumnos de primaria, que ya no podía ver a diario. Luego se sentaba a la mesa de la cocina mirando al teléfono y esperando a que sus alumnos o sus padres llamaran para pedir ayuda. Se ponía en contacto con mis padres y otros para ver si podía hacer algo por ellos y luego escribía notas y tarjetas a la gente de la comunidad para ofrecer un poco de felicidad y esperanza en medio de algo por lo que nadie había pasado antes. Quizá se sentaba un minuto por la noche a ver el canal Hallmark. Estoy seguro de que quería saber lo que estaba pasando tanto como el resto de nosotros, pero más que estar enterada, quería dar, ayudar a otros.

Mi mujer no tiene miedo porque siempre está pendiente de los demás. Olvida cerrar la puerta con llave, no se sabe el código de la alarma de la casa, no podría encontrar un arma, aunque le pagaras por hacerlo, y tampoco sabría cómo usarla si la encontrara. Se dedica a pensar en los demás y a hacer cosas por los demás, así que no le queda mucho tiempo para pensar en el miedo. Las dos únicas cosas que sé que le dan miedo son los bichos y que nuestro proveedor local de televisión por cable deje de emitir el canal Hallmark. Aparte de eso, es una de las personas más valientes que puede haber. Es pequeñita y nunca ganará una pelea física, pero gana la guerra contra los adversarios más poderosos: el miedo, la oscuridad y la negatividad.

La respuesta de mi esposa durante la pandemia me ayudó a entender las diferentes formas devaluar y responder al miedo. Mientras yo leía gráficos de morbilidad y mortalidad, ella ayudaba a la gente. Mientras yo estudiaba asiduamente todos los síntomas imaginables del coronavirus, ella escribía tarjetas. Tenía que cambiar de mentalidad y pensar hacia fuera. En el proceso, mi definición de familia empezó a cambiar. Ahora incluye a vecinos a los que antes sólo saludaba por la mañana temprano o a última hora del día; ahora incluye a médicos y enfermeras que nunca conoceré; camioneros, trabajadores del supermercado, policías y personas que reparten comida. Y cuando pienso en mi "familia", me vuelvo más valiente y menos temeroso.

Cuando tengas miedo a empezar algo nuevo, concéntrate en los números, los porcentajes, las probabilidades y luego céntrate en los demás. El miedo es natural y no indica que tengas que abandonar tu nuevo empeño. Simplemente tienes en él a un navegante que vela por ti. Si no le entregas el timón a tu miedo y le haces cumplir su papel mediante la lógica y la compasión, puede ser un compañero de confianza al que consultar cuando tomes decisiones en tu vida.

Y luego está la esperanza. Vivo en un estado cuyo lema es: "Mientras respiro, tengo esperanza". Estaba en el sello del estado, encima del estrado del juez, en todas las salas de corte en que he comparecido y, sin embargo, nunca lo aprecié plenamente hasta 2020 mientras el mundo observaba y esperaba ver todo el efecto que iba a tener un virus transmitido por el aire sobre la vida tal y como la conocíamos. Cuando se es joven y sano, no te preocupas demasiado por la respiración o por la esperanza. Tienes los dos mayores dones de todos: la juventud y el tiempo. Pero ambos se desvanecen. Y entonces despiertas y te das cuenta de que ves dos terceras partes de tu vida en el retrovisor. O caes en cuenta de que algo tan sencillo y esencial como respirar no está garantizado.

Todo esto ayudó a que volviera a fijar mi atención en el estado y a reflexionar sobre las personas que, años atrás, habían dado vida a ese lema para mí. Las víctimas de delitos y sus familias, especialmente las víctimas de homicidios. Tenemos el don de la vida y eso por sí solo debería proporcionarnos cierta esperanza, sobre todo porque hay otros que, por accidente, enfermedad o acto criminal, ya no están con nosotros. Estar vivo es un verdadero motivo de esperanza.

El lema de nuestro estado cuadra con el versículo que se escucha en casi todas las bodas: "Y ahora permanecen estos tres: la fe, la esperanza, el amor...". Debemos amar a nuestro prójimo y definir la palabra "prójimo" de la forma más amplia posible; debemos tener fe en que el futuro será más brillante; y debemos valernos de la esperanza para convertir al enemigo que es el miedo en un compañero útil que nos ayude a navegar hacia adelante en el viaje de nuestra vida.

La puntuación de la emoción

Al comenzar algo nuevo, pasarás por un sinfín de emociones. Tanto si tienes por delante una entrevista de trabajo, como si estás a punto de invitar a salir a la persona que te gusta o tienes tu primer partido de sóftbol intramuros, tendrás distintos grados de nervios y emoción. Es probable que te sientas ansioso, indeciso e inseguro. También te sentirás feliz, esperanzado e inspirado. ¿A qué emociones debes prestar atención? ¿Y hasta qué punto debes tenerlas en cuenta?

El delito de homicidio involuntario consiste en matar a otra persona en un arrebato de pasión. En ese caso, la ley reconoce que matar a alguien porque surgió en la persona un impulso irracional, debe considerarse de forma diferente a matar a alguien después de haber meditado bien el acto. No existe otra atenuante del homicidio salvo este "súbito arrebato pasional". No se permite matar en el "súbito arrebato del pensamiento" o el "súbito arrebato de la lógica". Pero la ley sí reconoce que las emociones pueden anular e invalidar los pensamientos que de otro modo serían racionales.

De modo que, si tus emociones son capaces de anular tus procesos mentales de tal manera que pueden llevarte a cometer un delito, esas emociones pueden de seguro llevarte a otras cosas imprudentes y lamentables. Pueden hacer que, en contra de tu buen juicio, dejes tu trabajo o inicies (o termines) una nueva relación. Las emociones tienen ese poder abrumador: a veces arruinan tu mejor juicio. A algo tan poderoso hay que domarlo.

Siempre que sea posible, hagamos que las emociones sean el derivado de una buena decisión en lugar del motor de la toma de decisiones. Las emociones nos advierten, amplifican, confirman, retrasan y ratifican lo que nos dice la mente. Pueden puntualizar, no dictar, tus decisiones. En lugar de dejar que sean ellas las que juzguen, debemos llamarlas al estrado como testigos. Hace poco oí decir a un entrenador de fútbol: "Tenemos que jugar con la emoción en lugar de permitir que las emociones jueguen con nosotros". Eso también puede funcionar.

Las emociones contienen información importante y en nuestra búsqueda de tomar las mejores decisiones, necesitamos recopilar toda la información que podamos. Tus emociones te permiten ser más consciente de ti mismo, más empático y más perceptivo; todo lo cual es crucial para una vida exitosa y significativa. Reconoce tus emociones. Luego, examina la información que te dan y establece las contradicciones o falacias que presente su "testimonio".

En muchas ocasiones dejé a mis emociones ser jueces de mis decisiones. Idealmente, cuanto más mayores nos hacemos, reconocemos cada vez mejor la fragilidad de nuestras emociones y evitamos que anulen la lógica en las decisiones que tomamos. Digo "idealmente" porque todavía tropiezo de vez en cuando.

Como viajero frecuente, me enorgullezco de no elegir nunca vuelos con escalas. Me gustan los vuelos directos. Pero un fin de semana en que mi esposa y yo íbamos a una boda en Kentucky, cometí un error al planificar nuestro vuelo. Íbamos a Kentucky y en lugar de conducir una hora hasta el aeropuerto de Charlotte (Carolina del Norte), reservé un vuelo con salida del aeropuerto internacional de Greenville-Spartanburg, a treinta minutos de casa, que conectaba en Charlotte y nos llevaba a Louisville, Kentucky, y viceversa al regreso. Llegamos bien. La boda fue estupenda y, al día siguiente, cogimos el vuelo de Louisville a Charlotte. Ya estábamos sentados en el avión en Charlotte y a punto de separarnos de la puerta de embarque y salir hacia Greenville-Spartanburg cuando anunciaron por el altavoz: "Necesitamos que todos los pasajeros bajen del avión mientras mantenimiento revisa algo. No prevemos un gran retraso y les avisaremos cuando sea el momento de volver a embarcar".

Estaba a punto de despegar y estar de vuelta en Carolina del Sur con suficiente luz para practicar un rato mi *putt*, y todo se vino abajo porque había decidido cambiar de avión en Charlotte.

"Mantenimiento" y "bajen del avión" eran las únicas palabras que necesitaba oír. Le dije a mi esposa que recogeríamos todas nuestras cosas, saldríamos del terminal y volveríamos en Uber al aeropuerto de Carolina del Sur para recoger el auto.

—¿No quieres esperar primero a ver cuánto dura el retraso, cariño?

—No, señora, no quiero.

—A lo mejor son sólo unos minutos y llegaríamos antes a casa. Además, nos ahorraríamos el dinero del Uber.

—No, señora, no quiero.

Era lo único que podía decir porque era lo único que sentía. Era como un canto catatónico:

—No, señora, no quiero.

No quería esperar un segundo más, porque estaba impaciente y además descontento conmigo mismo por haber cometido un error de novato: un vuelo de conexión. Así que tomamos un Uber de un aeropuerto a otro; casi todo el rato en silencio porque mi esposa no estaba contenta con mi decisión tan poco inteligente. La vi mucho en su teléfono y me preguntaba qué estaría haciendo. Resultó que estaba comprobando el vuelo para medir mi decisión con hechos, lógica y números. "Bien, eso es injusto", pensé. No es justo que use lógica para evaluar una decisión que tomé basado puramente en impulso e impaciencia. Me hizo saber amablemente, digamos, que el vuelo que no pude esperar, de hecho, ya había despegado y que, de hecho, llegaría antes que nuestro conductor de Uber.

—¿Estás contento? El avión que no podías esperar ya está arreglado y ha despegado.

—Sí estoy contento, de hecho. Desperdicié un montón de dinero. Opté por un medio de transporte mucho menos seguro. Y voy a llegar incluso más tarde de lo que habría llegado si hubiera hecho caso a mi bella esposa. Pero, sorprendentemente, soy feliz.

En este caso, dejé que mis emociones tuvieran la última palabra. Si hubiera atendido a la información que me daban mis emociones, me hubiera enterado de varias cosas valiosas:

- En realidad, estaba simplemente enojado conmigo mismo por haber reservado un vuelo de conexión.

- Me preguntaba por qué tan poca gente estaba de acuerdo con mi idea de las bodas los lunes, habiendo sacrificado ya un sábado.

- Quería estar en movimiento. No me gustaba estar quieto porque me hacía sentir impotente y ansioso. Seamos sinceros: todos conocemos gente así. Valoran el movimiento más que la dirección. Prefieren dar vueltas esperando que algo les "refresque" la memoria, que detenerse un segundo a consultar un mapa o utilizar una aplicación de navegación.

Si hubiera reexaminado mis sentimientos, habría descubierto que:

- Aunque estaba enojado conmigo mismo por haber reservado un vuelo de conexión, ya no podía hacer nada al respecto. Lo único que podía hacer era aprender la lección y tener más cuidado en el futuro de no hacer lo mismo.

• Aunque sentí que me quitaban el fin de semana, no tenía que estar en ningún sitio. No había ninguna urgencia que me llamara a casa, sólo mis palos de golf y el *putting green*, y ambos estarían allí al día siguiente, y al siguiente, y al siguiente.

• Aunque moverme me haría sentir mejor, era muy probable que no me llevaría a casa antes, que si hubiera esperado que pasara el retraso. Era sólo movimiento, no dirección.

Si hubiera permitido que mis emociones —irritación, impaciencia, inquietud— fueran mis testigos y no el juez de la decisión de encontrar un nuevo medio de transporte, habría visto las incoherencias y falacias de su testimonio y habría escuchado a mi hermosa esposa. En retrospectiva, debía haberme quedado en el terminal, sentado junto a mi esposa y refunfuñando mientras arreglaban el avión.

El sutil mensaje de mi fiasco aeroportuario es el siguiente: El movimiento no siempre tiene un propósito o es constructivo. Sí, "empecé" algo nuevo con mi viaje en Uber. Nos movimos. Estábamos cambiando. Pero, aunque el movimiento puede haber mitigado mi aburrimiento, no fue la decisión más sabia.

Cuando empiezas algo nuevo, tus emociones le dan vida y color a tu decisión. Tu entusiasmo al decidir empezar un nuevo trabajo será testigo de lo idóneo de tu decisión. Tu incertidumbre a la hora de dar el siguiente paso en tu relación de pareja puede advertirte de problemas que has estado ignorando. El aburrimiento que sientes cuando estás solo en casa puede confirmar tu intención de salir e iniciar nuevas amistades. La tristeza que sientes al terminar los estudios puede retrasar tu decisión sobre qué hacer después. Escucha tus emociones; contienen información importante que te ayudará a tomar cada decisión de tu vida basándote en la totalidad de tu persona. Si consultas tu intuición y tus emociones a la vez que enfocas de forma lógica las decisiones, dispondrás de más información para elaborar tu hoja de ruta de manera completa cuando empieces algo nuevo.

Empezar algo nuevo

Empezar algo nuevo es una gran decisión que requiere valentía, audacia y una reflexión cuidadosa. Cuando sopeses la decisión de embarcarte en una nueva empresa, ten siempre presente tu imagen del final. Cuanto más aclaremos nuestra definición de éxito, tracemos los peores escenarios, desarrollemos planes de contingencia, consultemos nuestros sueños con lógica y escuchemos al miedo y las emociones sin dejar que nos dominen, más estructurados y sólidos serán nuestros argumentos finales.

Tres preguntas para tener en cuenta al empezar algo nuevo:

1. ¿Cómo soporta este plan la visión que tengo para mi vida?
2. ¿Son la lógica, la información y los hechos los que guían mi decisión o he dejado que mis emociones tomen el control?
3. ¿Esta decisión me limita o me cierra oportunidades de perseguir otros sueños?

SEGUNDA PARTE

6

Quedarte a edificar

La decisión de quedarte donde estás en lugar de perseguir otro sueño puede sonar a premio de consolación. Pero quedarte no se trata solamente de no continuar en una vía particular, sino también de hacer inventario de dónde te encuentras, esforzarte por construir un objetivo mejor y otorgarles a tus decisiones iniciales el regalo del tiempo y la paciencia.

Compromiso

Apuntarme a clases en la universidad era algo que siempre esperaba con impaciencia. Se requiere tener la mente más brillante de una generación para hacerse un horario de clases que no incluya ninguna clase por la mañana, deje un descanso al mediodía para ver la telenovela *All My Children*, no interfiera con los deportes intramuros y además hacerlo sin que tus padres se enteren. En la universidad pasé mucho más tiempo apuntándome a clases que asistiendo a ellas.

Recuerdo como si fuera ayer una clase en el catálogo de cursos. El curso que se ofrecía aparecía como "BL" y la clase se impartía en el edificio de la Unión de Estudiantes, que estaba cerca de donde yo vivía. Era una tarde a la semana y no interfería con los deportes interfacultades ni con las telenovelas, de modo que cumplía con todos mis requisitos previos.

Jugar a los bolos sería divertido. Sería un sobresaliente fácil para mejorar un promedio de notas que lo necesitaba desesperadamente. Me apunté a "BL" y el primer día de clases me dirigí al edificio de la Unión de Estudiantes. Pero la bolera del sótano estaba vacía, así que miré alrededor en busca de una explicación. Era el día, hora y lugar correctos, así que algo estaba mal.

Encontré el aviso que indicaba que la clase se reunía al otro lado de la calle, en otro edificio. Me pareció raro que una clase de bolos no se celebrara donde estaban las pistas, pero mis habilidades de razonamiento deductivo no estaban en su mejor momento. Crucé la calle, encontré la sala correcta y entré.

Piensa en lo peor, lo más embarazoso que te haya pasado alguna vez. Piénsalo bien. Evoca la situación más vergonzosa en la que te hayas metido. Como preguntarle a una esposa si estaba embarazada cuando en realidad no lo estaba. Quizá preguntarle a alguien cómo estaba un familiar, sólo para que te recordaran que ese familiar había fallecido hacía años y que tú habías asistido al funeral. Tal vez equivocarte de forma de vestir para una fiesta y tener que decirle a la gente que tu esmoquin azul celeste fue una ironía condenatoria de las normas sociales. Nada de eso puede compararse con lo que acababa de hacer.

"BL" no significaba bolos, sino *ballet*. Delante de mí había una docena de mujeres jóvenes y un instructor, todos en leotardos. Así que entré, hice la pirueta más espléndida que jamás hayan visto y empecé a devolverme hacia la puerta, todo en un solo movimiento continuo.

—Joven, está usted en la clase correcta —gritó el instructor y todos los ojos se posaron en mí—, ¿es usted Harold Gowdy? —preguntó.

Debería haber dicho: "no". Tendría que haber dicho: "tengo una emergencia médica" y marcharme para no volver. Pero no lo hice. Dije:

—Sí, señor, pero me dicen Trey.

Dios mío ¿qué había hecho?

El instructor era un hombre amable llamado Rudy. Dijo que, si me quedaba en la clase, me prometía que tendría un sobresaliente.

—Bueno, profesor Rudy, —le contesté en un intento muy débil de zafarme del terrible error de cálculo que me había autoimpuesto, —no tengo la ropa adecuada y no sé nada de *ballet*.

No le importó.

—Nada de eso importa, hijo; puedes ponerte lo que quieras y yo te enseño lo que necesitas saber.

Me alegro de haberme quedado. Todavía tengo amigos de aquella clase casi cuarenta años después. Todavía sé las cinco posturas de *ballet*, aunque me duele todo literalmente cuando intento hacerlas y en algún lugar de la tierra Mikhail Barysh-nikov está gritando: "¡Por favor, deja de hacer eso!"

También tengo una historia que proporciona placer y alegría infinita a Kevin McCarthy cada vez que la cuenta.

Más que divertir a mis amigos o mejorar mi promedio de notas, quedarme en aquella clase me enseñó un par de lecciones que me han acompañado durante cuarenta años. Me enseñó la importancia del compromiso, del reto a mí mismo y de no huir cuando las cosas no salen exactamente como se habían previsto.

A veces los resultados de una decisión son distintos de lo esperado. La cultura de la nueva compañía tiene menos qué ver con autonomía que con las sesenta horas semanales de trabajo. El perro que adoptaste da más trabajo de lo que suponías y su ternura no compensa tu agotamiento. A veces te apuntas a los bolos y terminas haciendo *ballet*.

El problema de empezar constantemente cosas nuevas es que no siguen "nuevas" por mucho tiempo. El entusiasmo decae, la novedad desaparece, la frescura puede volverse rancia. Para muchos de nosotros existe ese momento de angustia o duda cuando lo que pensábamos que sería algo, ya sea un trabajo, una casa o una relación, no es exactamente como resultó. Y la tentación es volver a empezar algo "nuevo". Pero si siempre evitamos la decisión de quedarnos, en favor de algo nuevo, no aprenderemos ni creceremos de forma tangible ni duradera. Quedarse aun cuando el trabajo, la clase o la relación no son exactamente lo que uno esperaba, permite demostrarte a ti mismo que eres capaz de compromiso.

No me quedé en esa clase de *ballet* por nadie más que por mí. Claro, no quería herir los sentimientos de Rudy, el profesor de *ballet*. Sí, no quería que las jóvenes de esa clase pensaran que me creía demasiado bueno para el *ballet*. Pero en realidad nadie se habría dado cuenta, ni le habría importado, ni se habría acordado. Pero a mí sí me importaba. ¿Sería capaz de continuar con algo inesperado, imprevisto y no deseado? ¿Podría sorprenderme e impresionarme a mí mismo?

En lugar de demostrar cosas a los demás a lo largo de nuestra vida, deberíamos valorar la opinión que tenemos de nosotros mismos. Yo no soy corredor, así que no me identifico con los maratones, pero estoy seguro de que llega una milla en la que dudas, estás cansado y piensas: "Yo soy el que está corriendo este condenado maratón, así que, si paro, o camino, o abandono, el único afectado seré yo. ¿Quién es quién para juzgar si debiese haber seguido o no? Los demás no son los que tienen ampollas o calambres". Y tienes razón. No es para nadie más, solo para ti. Pero debería importarte lo que pienses de ti tanto o más que lo que los demás puedan hacerlo.

Quedarte, incluso cuando la decisión que creías haber tomado es diferente de las consecuencias de dicha decisión, te ayudará a desarrollar una resistencia que te acompañará mientras recorres todas las vueltas que de tu camino hacia tu destino final. Cuanto más cambiemos de camino, más atajos intentemos tomar y más lo abandonemos al menor inconveniente, más probable será que nos encontremos perdidos, sin dirección y sin saber cómo volver al buen camino. Más de una vez, redoblar el esfuerzo de nuestro compromiso aun cuando el camino no cumpla con nuestras expectativas nos llevará al destino deseado, y nos enseñará mucho sobre nosotros mismos en el trayecto.

Expectativas y experiencia

En la vida tendrás muchas oportunidades de cambiar de rumbo: siempre hay otra opción. Pero tampoco hay garantía de que la siguiente opción satisfaga tus expectativas. Y si perseveras, te mantienes firme, si le dedicas un poco más de tiempo, puede que tú también tengas al final un recuerdo para toda la vida de las cinco posturas de *ballet* (¡o tal vez incluso de algo más práctico!).

La otra ventaja de perseverar en un trabajo, una afición, un instrumento musical o una amistad es el don de la experiencia, que es de lo único que no se consigue más con solo quererlo o anhelarlo.

Cuando comenzamos a buscar empleo al principio de nuestra carrera, a menudo vemos en las solicitudes de empleo o en los correos electrónicos de rechazo: "buscamos a alguien con experiencia".

Lo oí muchas veces cuando aplicaba para ser fiscal federal.

"Buscamos a alguien con experiencia en juicios y cortes".

No lo oí una vez sino mil veces y mi reacción fue siempre la misma: "si no me dan la oportunidad ¿cómo podré alguna vez adquirir experiencia?".

Podemos adquirir conocimientos. Podemos adquirir habilidades. Podemos modelar la persistencia. Pero no podemos acelerar la experiencia. Por ende, si uno tiene la oportunidad de ganar experiencia, aunque las circunstancias no cumplan con las expectativas, eso por sí solo hace que a veces valga la pena quedarse.

En la práctica, cuando contrataba personal tanto en la Oficina del Procurador como en el Congreso, desconfiaba de los candidatos que parecían saltar de un lado a otro con frecuencia, aun cuando los saltos fueran subiendo o se percibieran como más altos. La experiencia suele significar consistencia y la consistencia puede significar confiabilidad y la confiabilidad es un fantástico rasgo de carácter.

Así que, quedándote, no sólo puedes conseguir la codiciada experiencia que buscan muchos empleadores o socios comerciales, sino que además te ganarás la reputación de ser de confianza y de ahí solo hay un trecho corto para merecer una de las cosas más amables que se puedan decir de ti en el argumento final de la vida: que fuiste leal, que te quedaste cuando otros no lo hicieron, que no abandonaste el barco. Piensa por un momento a quién llamarías si necesitaras algo en un apuro. ¿Quién dejaría lo que está haciendo y te ayudaría, aunque le supusiera un inconveniente? Pues bien, ahora quiero que pienses en quién te llamaría a ti si estuviera en la misma situación. ¿Quién piensa en ti en términos de compromiso, determinación y fiabilidad?

Nos encanta con razón el olor de los autos nuevos y nos encanta quitarle el plástico al mango de un nuevo palo de golf o escuchar el sonido al destapar una lata nueva de pelotas de tenis. Pero también hay algo hermoso en la familiaridad de un apretón de manos con un amigo querido o en oír a alguien decir: "deberían haberme dejado mil veces por mejores ofertas u opciones, pero se quedaron conmigo y por eso les estaré eternamente agradecido".

La única forma de adquirir experiencia es quedarte donde estás y adquirir las habilidades necesarias para sobresalir allí. La experiencia te da los conocimientos y la confianza que necesitas para progresar cuando con el tiempo entres en algo nuevo. También es una señal para los demás de que no buscas siempre una hierba más verde, sino que estás en esto a largo plazo.

Mira la película completa

En 2016 pasé del final de una polémica investigación del Congreso sobre el asesinato de cuatro valientes estadounidenses en la ciudad de Bengasi en Libia, al comienzo de otra investigación: las acusaciones de colusión entre Rusia y la campaña de Trump. El presidente, Paul Ryan, me había colocado en el Comité de Inteligencia de la Cámara de Representantes y ese comité iniciaba una investigación sobre si Rusia había intentado interferir en las elecciones presidenciales de 2016. No era para lo que había firmado y tampoco era lo que quería, pero al parecer los hados conspiraban para castigarme por algo (probablemente por postularme al Congreso en primer lugar).

Este tipo de investigaciones requieren investigadores con experiencia y perspicacia; requieren investigadores como Sheria Clarke. Ella era una abogada investigadora que había trabajado en el Comité de Ética de la Cámara, el Comité Selecto sobre Bengasi y el Comité de Supervisión y Reforma de la Cámara de Representantes. Por su formación y su carrera jurídica era la persona idónea para prestar asistencia al Comité de Inteligencia en nuestra incipiente investigación sobre las acusaciones de injerencia electoral. Aplicó para una posición como investigadora legal superior y luego me pidió consejo sobre si debía tomar o no ese trabajo.

Yo sabía que Sheria tenía experiencia y, por mi propio interés, quería que se uniera a nuestro equipo porque ella era inteligente y concienzuda y como habíamos trabajado juntos en el pasado, existía familiaridad y confianza entre nosotros. Habría sido de gran ayuda para el comité en general y para mí en particular. Pero cuando te piden consejo, tienes la obligación de dar el mejor consejo para la persona que te lo pide, no para ti mismo.

No pensé que tomar ese cargo beneficiaría a Sheria a largo plazo. La política en Washington es brutal y las investigaciones polémicas lo son aún más. Mi consejo fue que lo dejara pasar. "Será duro al principio, cuando crezca el entusiasmo en torno a esta investigación en desarrollo, —le dije—, pero creo que deberías dejar pasar esta oportunidad y quedarte donde estás. No necesitas que tu buen nombre se vea envuelto en lo que probablemente será una lucha política de años".

Sé que renunciar a los nombramientos y a lo que es un ascenso a los ojos de otros miembros del personal del Capitolio es sumamente difícil. Ella llevaba casi una década en el Capitolio, que es un lugar de trabajo intenso con los títulos. La gente tiende a juzgar por el cargo que aparece bajo tu nombre en la tarjeta de visita. Así que dejar pasar un nombramiento que se consideraba una promoción podía llevar a la gente a cuestionar tu empuje, ambición y eficacia.

Pero no pasa nada. "Se fijan en la foto instantánea —le dije a Sheria—, ve toda la película de tu desempeño en Washington, no sólo un fotograma aquí o allá".

El argumento final de su vida incluía las palabras "respeto" y "convicción". Había formado parte del Comité de Ética de la Cámara de Representantes y se había ganado el respeto de miembros de ambos bandos. Había sobrevivido a la polémica investigación sobre lo ocurrido en Bengasi, y había incluso conseguido mantener una excelente relación de trabajo con miembros del otro lado en el comité. Para describirla se usaron palabras como "imparcial", "respetuosa" y "profesional". Había sobrevivido a una investigación muy difícil con su reputación intacta. Las probabilidades de sobrevivir a otra no estaban a su favor, independientemente de sus intenciones o su buen carácter. Su convicción era la parte más importante de su ser. Afirmar que es difícil ascender de rango en la política del Congreso y mantener intacta la reputación de convicción, es una acusación condenatoria del entorno político actual, pero es verdad.

Sheria no tomó el cargo. Decidió centrarse en sus aspiraciones a largo plazo, las cuales podrían haberse visto comprometidas por su participación en esa comisión. De hecho, finalmente se marchó de Washington. Durante los ocho años que la conocí, seis de los cuales trabajamos en los mismos comités, nunca oí una palabra negativa sobre ella de nadie de ninguno de los dos bandos. Eso es enfocarse en la película y no en la foto.

Tú también llegarás a una encrucijada. A ti también se te presentará una oportunidad que según los demás será "demasiado buena para dejarla pasar" o "única en la vida".

Cuando llegues a ese cruce de caminos, piensa en lo que te conviene a largo plazo, no en lo que es mejor para ti a corto plazo. Mira la película entera, no la foto instantánea. Comprométete a construir tu gran imagen, aunque signifique no hacer lo que otros piensan que deberías hacer.

También debes preguntarte si dejar lo que estás haciendo contribuye al argumento final de tu vida. A medida que nos hacemos mayores se nos suele hacer más fácil pensar en nuestra reputación a largo plazo, las cosas por las cuales seremos recordados, si hay alguna, y cómo podemos contribuir con esa impresión. Pero no hay por qué esperar a la mediana edad o más para apreciar la palabra "legado" o pensar en lo que dejaremos atrás. Está claro que nuestra juventud o los primeros años de nuestra edad adulta no deberían estar dominados por pensamientos sobre cómo acabará todo. Pero cuanto antes conozcamos los parámetros generales de lo que queremos lograr, lo que queremos ser y por lo que queremos ser recordados en la vida, más fácil nos resultará saber si es el momento de quedarnos o el momento de dejarlo.

Quedarse es una forma de avanzar

Quedarse no es simplemente un movimiento defensivo. De hecho, he descubierto que en la mayoría de los casos quedarte te permite construir tu futuro con más libertad.

Estés donde estés ahora, aunque tus circunstancias no sean las ideales, te animo a que al menos tengas una conversación sincera contigo mismo sobre un par de cosas. ¿De verdad estás dejando atrás lo que te preocupa? Vayamos donde vayamos, lo único que nos sigue somos nosotros mismos. Deberíamos ser lo bastante sinceros para hacernos esa pregunta: ¿dejas un trabajo, una relación, una ciudad o una escuela por factores externos?, o en realidad quieres cambiar algo de ti mismo y el cambio de rutina, de entorno o de código postal es entonces una forma de evitar la conversación profunda. ¿Eres dependiente de la adrenalina o la excitación? Me refiero a si te has enamorado de la sensación de recomenzar, empezar de cero, del olor y la sensación de novedad.

¿Le has dado una verdadera oportunidad a tus circunstancias actuales?

Todos hemos estado en un lugar como el que voy a describir: una fiesta, un lugar de encuentro, un acto escolar o religioso, y la persona con la que estamos hablando mira a cada rato a su alrededor, por encima de nuestros hombros, o de nuestra cabeza para ver si viene alguien "mejor", "más guapo" o "más interesante". A decir verdad, tal vez nosotros mismos lo hayamos hecho una que otra vez. O tal vez no se trata de una situación en la que tenemos alguna libertad, un asiento en un avión o los lugares asignados en el trabajo o la escuela, y no tenemos lo más mínimo en común con la persona que tenemos más cerca. ¿O sí? ¿Le hemos dado siquiera una chance a la relación? ¿Juzgamos el exterior y ni siquiera nos quedamos el tiempo suficiente para tener un atisbo del interior?

El hecho de que nuestras circunstancias actuales no nos "parezcan" ideales o no cumplan con nuestras expectativas inmediatas de felicidad, o que las responsabilidades laborales sean estimulantes o útiles, no significa que vaya a seguir siendo así. Dales tiempo. Dales una oportunidad. Agradece que te "sorprendería que cambies de opinión". Yo mismo he dicho eso una o dos veces en la vida: "Bueno, lo haré, pero me sorprendería mucho que algo cambiara".

A veces las cosas no cambian, pero a menudo lo hacen. Y algo ventajoso coseché porque me quedé.

1. Comprométete a quedarte por un tiempo.
Puede ser un mes, un semestre, un año o cinco. Pero si tenemos siempre la vista puesta en la puerta y un pie fuera de ella, nunca estaremos realmente presentes en la vida que estamos construyendo. Siempre hay espacio para reevaluar, pero mientras sea posible, dales tiempo a tus decisiones para que revelen todas las oportunidades que entrañan.

2. Busca formas de desarrollar tus habilidades o de poner desafiar tu potencial.
Tanto si estás aprendiendo a cocinar, como si te asignan nuevas responsabilidades en el trabajo o tienes que resolver un

conflicto en una relación, surgirán retos que te resultarán incómodos o desconocidos. Convierte esos momentos en oportunidades para aprender sobre ti mismo, sobre los demás o sobre el mundo que te rodea. El tiempo dedicado a aprender no es tiempo perdido: es experiencia.

3. Determina si hay fragmentos de tu escena final presentes en tu realidad actual.

En este momento de tu vida, ¿cuáles son las actividades que ayudan a construir tu argumento final? ¿Hay aspectos de lo que quieres lograr y de lo que esperas que sea tu legado? Apuesto a que es así. Y yo te animaría a que resaltes esas áreas en tu mente y busques otras oportunidades de hacer avanzar tu sueño. La clase de *ballet* me permitió mantener el horario de mis sueños y aprender mucho sobre mí. Recuerdo más esa clase que la mayoría de las que tomé durante esos cuatro años.

Los sueños sólo pueden hacerse realidad con perseverancia, trabajo y paciencia. Quédate con ellos hasta que hayan cumplido su ciclo, o hasta que cambie tu sueño principal. No persigas cada capricho que capture tu atención. Hay ocasiones en que no cambiar es la mejor decisión que podemos tomar; cambiar no es necesariamente progresar. Quedarse puede ser difícil, aburrido e ingrato. Pero recuerda que estás construyendo algo que vivirá más allá de ti y eso, he encontrado, hace que a menudo valga la pena quedarse.

7

El poder de las prioridades

Las prioridades nos ayudan a mantener los pies en la tierra. Cuando tenemos prioridades claras y firmes, podemos apartar otros aspectos de las decisiones —las aspiraciones que nos halan, los pros y los contras, los riesgos y consecuencias— en perspectiva. Las prioridades determinan las áreas de nuestra vida que nos enfocamos en construir y nos alientan a quedarnos quietos cuando algo nuevo y brillante nos atraiga.

A veces es mejor retrasar el despegue

A menudo, he descubierto, los sueños más peligrosos son los que nos consumen con su relativa posibilidad y nos hacen correr riesgos innecesarios e imprudentes. Intentamos forzar nuestros sueños para que sucedan ignorando ciertos hechos y dejando de lado nuestras prioridades para hacer espacio a nuestra singular persecución. Cuando nuestras prioridades y nuestros sueños se desafían, cuando parecen

141

incongruentes o en conflicto, debemos proceder con extrema cautela en nuestras decisiones. He perseguido con terquedad y poca visión un objetivo y estuve a punto de perder mucho en el proceso.

Hacía un año que había terminado la escuela de leyes y estaba trabajando para el juez de la Corte de Distrito de Carolina del Sur: G. Ross Anderson Jr., cuando me di cuenta de que quería ser fiscal federal en la Oficina del Fiscal General de los Estados Unidos. Las vacantes en la Fiscalía eran escasas, pero se producían. Nada se materializó para mí durante mi primer año como asistente del juez Anderson. Cada vez que había una vacante, contrataban a alguien con más experiencia y mejores contactos, pero yo persistía. Los responsables de contratar en la Fiscalía querían abogados litigantes con experiencia, y yo no podía volverme más experimentado con solo pestañear.

Simpatizo con los jóvenes que se enfrentan a ofertas de empleo que piden "experiencia", por lo mucho que yo mismo lo viví. Si bien no podía sacar experiencia de la nada, sí podía valerme de mis contactos. Me reuní con jueces federales y con abogados influyentes que pudieran hablar bien de mí a los responsables de la toma de decisiones en las oficinas federales pertinentes. Dejé claro que estaba dispuesto a trasladarme a cualquier lugar de Carolina del Sur si había una vacante.

Después de un tiempo sin avanzar, decidí ampliar el mapa. Escribí a fiscalías en todo el país pidiendo que me tuvieran en cuenta si hubiera alguna vacante. No lo hice a la ligera. Mi esposa, Terri, nació en Spartanburg, Carolina del Sur, nuestra ciudad natal. Estudió en el Converse College de Spartanburg. Mis padres vivían allí. Sus padres vivían allí. Ambos habíamos sido miembros de la misma iglesia toda la vida. Spartanburg era el único hogar que habíamos conocido. Era donde queríamos criar al hijo que ya teníamos y a los demás que pudieran venir. Y, sin embargo, yo estaba dispuesto a dejar todo eso por el sueño único de ser fiscal federal, pasara lo que pasara.

Recuerdo una noche de las Navidades de 1993 en la que estaba escribiendo sobres furiosamente para enviar mi currículum a las fiscalías federales de todo el país. Mi esposa estaba en la cocina usando el calor del horno para asegurarse de que la escarcha se pegara a las tarjetas de Navidad personalizadas que estaba haciendo para nuestros amigos y familiares. Recuerdo lo feliz que ella estaba y lo miserable que yo me sentía en la larga cruzada de envío masivo de currículos a procuradores de los Estados Unidos que nunca iba a conocer.

Pero, por fin, ¡recibí una respuesta! La Fiscalía de Colorado me contestó y programó una entrevista telefónica. La entrevista salió bien y me pidieron que volara a Denver para una entrevista en persona con el jefe de la división criminal. Las cosas prometían. Sólo tenía que hacerlo bien en la entrevista personal.

Nunca estuve tan cerca de hacer realidad mi sueño de convertirme en fiscal federal como cuando estaba sentado en la puerta de embarque esperando abordar el vuelo a Denver. Por desgracia, o por suerte, tenía tiempo. Demasiado tiempo.

Sentado en la puerta de embarque, recliné la cabeza en la silla y me quedé mirando al techo.

"¿Qué estás haciendo? ¿De verdad vas a aceptar un trabajo en un estado con el que no tienes ninguna relación? ¿Vas a alejar a Terri de todo lo que ha conocido y querido? ¿Vas a decirle a tu madre que tendrá que ir a Colorado a ver a sus nietos? Estás tratando de forzar que esta meta se haga realidad.

Si consigues el trabajo y lo aceptas, puede que todo sea nuevo y emocionante durante una temporada, pero ¿después qué? ¿Bastará sólo el trabajo para compensar todo aquello a lo que renuncias y dejas? ¿Es justo desarraigar todo para poder decir que has hecho lo que siempre quisiste hacer? ¿Por qué te juzgas a ti mismo basándote en lo único que no tienes, mientras ignoras todo lo que sí tienes?

Cuenta tus otras bendiciones. Este sueño no vale el precio que exigiría a quienes dices que te importan. Es hora de reformular tu idea del éxito, encontrar otro sueño o aprender el arte de la paciencia. Pero esto se acabó".

Así que me levanté. Recogí mi maletín y volví al auto. Manejé hasta la casa. Llamé a la oficina de la persona con la que tenía la cita y le dejé un mensaje de voz agradeciéndole que me diera la oportunidad de entrevistarme, pero, como le expliqué, mudarme a Colorado no era una opción para mí en ese momento. Cierto, me sentí como un tonto al decir eso porque el trabajo siempre había estado en Colorado. Estaba allí cuando lo solicité, cuando hice la entrevista telefónica y cuando reservé mi vuelo.

Cuando volví a casa, intenté cambiarme de ropa sin hacer ruido y meterme en la cama. Pero mi esposa, que duerme como un francotirador de las Fuerzas Especiales con una dieta de Red Bull, se despertó y preguntó:

—¿Qué pasó?

—No puedo hacerlo, cariño. No puedo hacerlo. Este es mi hogar. No puedo dejar nuestro hogar.

Como la vida tiene sentido del humor, la persona con la que tenía que entrevistarme en Denver se convirtió más adelante en amigo y colega. No recuerda del todo la llamada nocturna de un solicitante de empleo que por fin había entendido que un trabajo en la Fiscalía de Estados Unidos en Colorado significaba mudarse a Colorado.

Yo sí la recuerdo muy vívidamente porque esa noche aprendí una lección muy importante sobre el poder de quedarse donde uno está: apresurar tus aspiraciones, apurar tus objetivos y forzar la realización de tus sueños acarrea consecuencias que bien podrían poner en verdadero peligro las demás prioridades de la vida.

He visto a gente comprar casas, aunque no fuera la mejor decisión financiera, porque tenían el sueño de ser propietarios. He visto a personas comprar casas que no podían permitirse porque era la casa de sus "sueños". He visto a gente forzar relaciones porque la idea de la relación tenía prioridad sobre las realidades de una promesa y un compromiso de por vida. He visto a parejas tener hijos muy pronto en una relación, sólo para darse cuenta de que, junto con la sobrecarga de ternura, de vez en cuando hay algunos llantos y noches sin dormir.

¿Cómo saber cuándo estás forzando algo? ¿Cómo saber cuándo hay que quedarse quieto? A veces, la introspección y el examen de conciencia son necesarios para determinar si estás permitiendo que tu obstinación se imponga a la lógica y si tu sueño se ha convertido en una prioridad desproporcionada. Pregúntate a ti mismo: ¿cuál es el deseo más profundo que se esconde tras el objetivo superficial que anhelas? ¿Amor? ¿La seguridad? ¿Una imagen determinada? ¿Conseguirlo es más importante que tu estabilidad económica o emocional o la de tu relación? ¿Priorizar tu sueño te prepara para tener más éxito a largo plazo o pone en riesgo todo lo que te ha costado conseguir hasta ahora? Cuando tomes una decisión y tengas en cuenta tus prioridades, mirar a tu alrededor y contar tus bendiciones es una herramienta útil. Si cuentas tus bendiciones y sabes que son más fuertes y valiosas que el sueño por sí mismo, es el momento de quedarse y seguir.

Pruebas de compatibilidad

A menudo recuerdo la decisión de no aceptar esa segunda entrevista y reconsidero las consecuencias que habría tenido aceptar ese trabajo en Colorado. Mis hijos no hubieran estado tan cerca de sus abuelos, me habría gastado miles de dólares en billetes de avión para volver a mi querido estado natal cada vez que hubiera podido, y mi esposa y yo no estaríamos tan cerca de los amigos que se han convertido en nuestra familia.

Algunos lo llaman rumiar el pasado o ser: "el *quarterback* del lunes por la mañana". Yo lo llamo saber: la sabiduría de aprender sin que el dolor sea el maestro. Claro, me costó hacer la llamada incómoda en la que parecía tener problemas con la geografía, pero no es nada en comparación con el dolor que hubiera sido cumplir mi sueño a costa de mi esposa y de la vida que tenemos en nuestra querida ciudad natal. Preferí llamar a un desconocido y anular una entrevista en vez de tener que llamar a mi madre para decirle que su nieto se mudaba a Colorado.

Las decisiones casi siempre implican sacrificar una cosa por otra. Cada opción incluye algo a lo que uno tiene que renunciar. Si hubiera ocupado el puesto de fiscal federal en Colorado, habría sacrificado mi sueño de estar cerca de mi familia y criar a mis hijos en mi estado natal, Carolina del Sur. Al no aceptarlo, sacrifiqué la oportunidad de tener el trabajo de mis sueños en ese momento.

Al final me convertí en fiscal federal, solo un par de años más tarde y en mi estado natal de Carolina del Sur. Fue un camino tortuoso en el que tuve que escribir más cartas, pedir más favores a mis colegas y tener más paciencia de la que estaba dispuesto a demostrar. Pero estoy sumamente agradecido de haber tomado el camino más largo y haberme quedado donde estaba en lugar de aceptar el trabajo en Colorado. Al quedarme, mantuve intactas mis prioridades y mis planes y sólo retrasé por un tiempo uno de mis sueños.

Cuando te quedas atascado entre varias grandes opciones, es importante que analices detenidamente tus prioridades.

Considera todas las áreas de tu vida: de relación, profesional, educativa, personal, espiritual, física y emocional. ¿Cómo afectará la decisión de empezar, quedarte o dejarlo al bienestar de cualquiera de estas áreas de tu vida? ¿Qué área de tu vida es la más importante para ti? ¿Es la salud de tus relaciones con familia y amigos tu máxima prioridad? ¿Es tu crecimiento profesional el número uno?

En distintas épocas verás que tus prioridades cambian, y eso está bien. Pero si te centras en un aspecto positivo y excluyes los negativos, estarás orientando tu vida demasiado en una sola dirección. Asegúrate de no sacrificar demasiado bienestar en un área para conseguir algo en otra, sobre todo si es sólo por una temporada fugaz. El sacrificio es inherente a las decisiones, así que considera las áreas en las que estás dispuesto a sacrificarte y aquellas en las que no te gustaría comprometerte.

Que un sueño sea alcanzable, incluso si empezar algo nuevo está dentro de tus posibilidades, no significa que debas perseguirlo con todas tus fuerzas o inmediatamente. Quizá te preguntes: "¿por qué no perseguir todos mis sueños si mi definición del éxito se centra en intentarlo más que en conseguirlo?".

Y la respuesta es: porque tus sueños suelen estar en conflicto entre sí. Lo más probable es que no puedas perseguir todos tus sueños a la vez porque sería imposible o poco saludable. Por lo general tienes que elegir.

Piensa en las consecuencias de perseguir un sueño, no sólo para ti y tus seres queridos, sino también para tus otros sueños, planes y prioridades. Si sueñas con convertirte en un cirujano de renombre mundial y también quieres abrir una panadería, es probable que esos sueños entren en conflicto. Esto no significa que no los puedas cumplir ambos, sino que probablemente no lo puedas hacer al mismo tiempo. Si sueñas con hacer un viaje en solitario alrededor del mundo y sueñas con casarte, esos sueños entran en conflicto, no puedes cumplirlos al mismo tiempo.

Los sueños, especialmente los alcanzables, a veces pueden distorsionar nuestras prioridades. Cuando sopeses la decisión de quedarte donde estás, o dejarlo y empezar algo nuevo, analiza detenidamente tus prioridades. ¿Qué sueños están en un primer plano y cuáles en segundo plano? ¿Qué sueños deben realizarse ahora y no más adelante? ¿Cuáles son las oportunidades? ¿Qué sueños puedes perseguir al mismo tiempo? ¿Qué sueños entran en conflicto?

Cuando estaba en el aeropuerto esperando el vuelo a Denver me di cuenta de que, aunque no parecía probable en ese momento, podía surgir otra oportunidad de convertirme en fiscal federal. En cambio, si nos mudábamos al otro lado del país, nunca podríamos recuperar los años que pasamos lejos de la familia.

Para establecer un orden de prioridades en el momento mismo de tomar decisiones, ten en cuenta lo siguiente:

- **Los demás.** ¿Cómo afectaría a los demás la decisión de irse? ¿Cuáles serían los beneficios y las consecuencias para ellos? ¿Estás imaginando esos beneficios o consecuencias, o los has discutido con las personas afectadas?

- **Oportunidades.** ¿Se trata realmente de una oportunidad única en cuanto a tu argumento final o habrá otras oportunidades en el futuro, quizá en mejores momentos o circunstancias? ¿Están tus medios y motivaciones en consonancia con este sueño?

- **Objetivos.** ¿Coincide este sueño con tu argumento final? ¿Se ajusta a tu a lo que habías establecido como tu propia definición de éxito?

- **Riesgos.** ¿Qué riesgos conlleva esta decisión? ¿Hay formas de mitigarlos? ¿Los riesgos te afectan sólo a ti o afectan a otros?

- **Sacrificios.** ¿Qué oportunidades estás sacrificando si persigues este sueño en este momento? Al decir que sí a esto, ¿a qué estás diciendo que no? Como regla general, cuanto más largo sea el período de compromiso, más debes sopesar y equilibrar este factor. Las obligaciones militares, contractuales y de otro tipo conllevan compromisos de tiempo muy estrictos de los que es difícil liberarse. ¿Has considerado detenidamente cómo te afecta la decisión, no sólo en el presente, sino incluso a mitad del período de compromiso?

- **Costos.** ¿Cuánto te costará este sueño en términos de dinero, tiempo y esfuerzo? ¿Vale la pena?

En tu actual punto de inflexión, o cuando te acerques al siguiente, piensa en las opciones que tienes y recaba los datos sobre esas opciones, recurriendo a esta lista. Ten en cuenta que nuestros sueños pueden provocar puntos ciegos en nuestras vidas. Nos vinculamos emocionalmente a un sueño y, al hacerlo, ponemos en jaque a otros que, si lo pensamos bien, pueden de hecho beneficiarnos más. Somos humanos y se trata de decisiones que nos afectan personalmente; es absolutamente imposible que seamos objetivos al cien por ciento. Nuestros deseos, emociones y miedos se cuelan en cada decisión que tomamos, y eso no es malo. Pero tenemos que ser conscientes de ellos. Reunir los hechos ayuda a ver la decisión desde todos los ángulos y, al hacerlo, se abre ante nosotros el panorama completo, con defectos y todo, para poder allanar caminos sin meterse en callejones sin salida.

Mantente fiel a ti mismo

Una de las personas a las que mi esposa y yo queremos más en la vida es Mary-Langston Willis Don. Trabajamos juntos hacia el final de mi estancia en Washington. Ella era lo que en Washington llaman "una programadora". Ser programadora es algo más que rellenar calendarios. Es gestionar el bien más preciado que tenemos: nuestro tiempo. Los programadores gestionan las agendas de los miembros del Congreso, tanto en sus distritos de origen, como en Washington. Reciben a los visitantes y se relacionan con ellos, planifican todos los viajes, se aseguran de que lleguemos a las votaciones y audiencias de los comités, y mantienen una estrecha relación con el cónyuge y la familia del miembro para que también se dedique tiempo a los asuntos familiares. Al principio de mi carrera en el Congreso, mi viejo amigo y colega Tom Graves, de Georgia, dijo lo siguiente sobre los programadores:

"Su trabajo consiste en asegurarse de que no quieras renunciar al tuyo". Llegué a entender perfectamente lo que Tom quería decir.

Posiciones como jefe de gabinete, director de comunicaciones y director legislativo suenan impresionantes, y lo son. Pero los programadores pasan más tiempo con el miembro del Congreso que cualquier otra persona del equipo. Están ahí en los peores días. Se los llama cuando el calendario cambia en el último minuto o cuando uno tiene una crisis y necesita tomar un vuelo más tarde. Ser programador es el trabajo más duro y a menudo el menos agradecido de cualquier oficina del Congreso.

Una vez que Mary-Langston terminó la universidad y llegó a Washington, siguió siendo mi programadora a pesar de las incontables oportunidades que tuvo de dejar de serlo. Fue todo un bautismo de fuego tener que programar para un congresista miembro de múltiples comités al que le gustaba estar en el primer avión que salía de Washington y el último de regreso.

Estaba en el Comité de Inteligencia, el cual entrevistaba a testigos por docenas; en el Comité de Ética, que celebraba reuniones muy largas; en el Comité Judicial, que también requería mucho de mi tiempo; así como en medio de otra grave investigación. Y cuando el presidente del Comité de Supervisión y Reforma, el entonces congresista por Utah Jason Chaffetz, decidió abandonar el Congreso, me pidieron que terminara su mandato y también presidiera ese comité. Había días en los que me era imposible atender con éxito todos mis compromisos: distintos comités se reunían al mismo tiempo, diferentes colegas necesitaban ayuda con sus diversas iniciativas. Yo me encontraba en mi despacho diciéndole a una joven de veintidós años: "¡tienes que ayudarme a despejar algunas de estas obligaciones del calendario! ¡Esto es abrumador! Sí, me comprometí con todas ellas. Sí, tengo que hacerlas todas. Sí, soy lo bastante mayor para ser tu padre y no debería estar tan abrumado con todo esto, pero vas a tener que sacarme de algunas de las obligaciones en las que me metí".

Imaginen a un adulto mayor, que ha procesado casos de homicidio y participado en polémicas audiencias en el Congreso, escondiéndose detrás de alguien de la edad de sus hijos y pidiéndole que lo saque de las obligaciones con las que se ha comprometido en exceso.

Cuando empezó, me di cuenta de que sólo tenía que pedirle que hiciera algo una vez y luego ya no tenía que volver a pedirlo en absoluto. Al cabo de un par de meses, ella podía mirar el calendario y empezar a hacer cambios por sí misma. Hizo lo que hacen los mejores programadores: es asegurarse de que su miembro del Congreso no esté sobrecargado y agotado. Llevaba literalmente mi vida profesional por mí.

Siempre agradable, siempre profesional y madura más allá de sus años.

En noviembre de 2018, dos meses antes de que terminara mi último mandato en el Congreso, volvía a casa desde el aeropuerto de Charlotte cuando Mary-Langston llamó. Rara vez llamaba. Ella es de la generación de los mensajes de texto, de modo que una llamada suya significaba que se trataba de algo importante. Había recibido una oferta de trabajo. Le habían pedido que trabajara para el presidente de una universidad muy prestigiosa en un puesto muy parecido al que tenía en Washington. Yo conocía a la persona que le ofreció el trabajo. Es el tipo de persona para la cual uno quisiera que su hija, o alguien que fuera como una hija, trabajara. También sabía que Mary-Langston había recibido ofertas de otros congresistas para quedarse en Washington. Hasta había recibido ofertas de gente del poder ejecutivo. Basta conocerla para saber que hay algo diferente en ella y no me sorprendió en absoluto que tuviera esa serie de oportunidades. Pero lo que sí me sorprendió fue mi reacción ante esas ofertas. Se me impuso la realidad de que, cuando yo dejara definitivamente Washington, ella cambiaría de trabajo. Esa joven de la que tanto había dependido ya no formaría parte de mi vida diaria.

Mientras describía el trabajo que le habían ofrecido, reflexioné sobre el día en que John Ratcliffe y yo la llevamos a almorzar a Washington para ofrecerle lo que creíamos que era un consejo paternal sobre sus ambiciones profesionales. Todo el mundo en Washington parece querer ser o hacer algo que actualmente no es o hace. Los miembros de la Cámara de Representantes quieren ser senadores. Los senadores quieren ser presidentes. Los programadores quieren ser directores legislativos. Así que Ratcliffe y yo, como dos investigadores experimentados, curtidos y canosos, decidimos averiguar qué era lo que Mary Langston más quería de la vida para ayudarla a conseguirlo. Ser un programador no es el trabajo ideal de nadie.

Empezamos la conversación preguntándole cuál sería el trabajo de sus sueños.

"Me gusta ayudar a la gente y quiero trabajar con gente a la que respete. Eso es todo", fue su respuesta.

John y yo nos miramos y pensamos: "¿Qué le pasa? ¿Lo único que quiere es ayudar a la gente? ¿Quién ha oído hablar de eso?".

Seguimos insistiendo, y ella continuó intentando cambiar la conversación porque no le gusta hablar de sí misma. Además, probablemente estaba pensando: "¿por qué voy a aceptar consejos profesionales de dos viejos que trabajan en la profesión menos popular del mundo?".

A ella no le importa el dinero, la fama o la atención. Tiene un deseo auténtico, impulsado por la convicción, de ayudar a la gente. Después de una hora entera intentando "ayudar" a Mary-Langston con su carrera, John y yo nos dimos por vencidos. Ella es verdaderamente distinta, y Ratcliffe y yo teníamos que poner rápido fin al almuerzo antes de que su amabilidad y bondad nos contagiaran.

Ese había sido mi único intento de darle a Mary-Langston un consejo profesional no solicitado. Pero ahora, resultaba que me pedía orientación. "¿Qué debo hacer, Trey? Es bonito que hayan pensado en mí y sería un trabajo maravilloso".

No pude decir nada durante un segundo porque estaba al borde de las lágrimas. A esta joven que se había convertido en un miembro más de la familia le estaban ofreciendo un trabajo que se la llevaría de mi vida cotidiana, la cual ella había compartido durante años. Eso era terrible para mí. Pero quizá no para ella. Parpadeé algunas lágrimas y le dije:

"Mary-Langston, deberías ir a entrevistarte para ese trabajo. Es un hombre maravilloso. Es una escuela increíble. Y es una oportunidad demasiado buena para dejarla pasar. Voy a ejercer la abogacía y tú no eres una secretaria legal. Deberías ir a entrevistarte para ese trabajo y cuando te lo ofrezcan, deberías aceptarlo".

Gracias a Dios, no escuchó ni uno de mis consejos.

Se quedó conmigo cuando volvimos a Carolina del Sur. Creo que ni siquiera fue a la entrevista. Mary-Langston decidió que quedarse conmigo iba a permitirle cumplir con el propósito de su vida, que es ayudar a otras personas. Me ha ayudado en todas las facetas de la vida después que dejé el Congreso. Me ayuda con el programa de televisión, con mis discursos, con mis clases en la universidad. Mientras tanto, encontró la pasión de su vida al lanzar un programa extraescolar para muchachas jóvenes en Greenville. Está haciendo exactamente lo que siempre quiso: ayudar a los demás. Ella tenía razón. Ratcliffe y yo estábamos equivocados. Hay personas en la vida que simplemente disfrutan ayudando a quienes lo necesitan y ella lo consiguió quedándose donde estaba, en su ciudad natal, con su antiguo jefe. Y un nuevo horizonte se le abrió en un entorno antiguo y familiar.

La decisión de Mary-Langston me ayudó a ver el poder que nuestras prioridades tienen para acercarnos a nuestro argumento final deseado. Ella sabía, ya a su edad, lo que más valoraba, y esos valores le servían de filtro para sus decisiones. A pesar de no tener todo planeado, sus valores la mantenían con los pies en la tierra rumbo al argumento final que había elegido.

Tal vez aún no tengas un camino claro como el cristal o un sueño completamente desarrollado. Tal vez tus prioridades adopten la forma de características como el servicio, la integridad o la humildad. Y aunque esas prioridades no parezcan tan tangibles como la prioridad de, por ejemplo, trabajar para una empresa concreta o fundar una familia en tu estado natal, son guías igualmente convincentes cuando te encuentras en una encrucijada. ¿Qué decisión te permitirá vivir una vida de servicio a los necesitados? ¿Qué decisión te permitirá vivir una vida más consecuente y honesta? Cuando te encuentres ante dos o más grandes opciones, ten en mente tus características más valiosas mientras contemplas tu decisión. Estar firmemente convencido de esas prioridades inquebrantables sobre las que quieres construir tu vida y tu reputación, te ayudará a clarificar el panorama final y a asegurarte de que vas por el buen camino.

8

Factibilidad de los sueños

Al sopesar la decisión de quedarnos donde estamos, debemos permitir que las emociones y la lógica moderen nuestros sueños, aunque nunca los extingan. Teniendo en cuenta nuestras motivaciones, nuestros medios y nuestras oportunidades, podemos decidir cuáles sueños perseguir.

Sueños de la hora del almuerzo

A veces empezar algo nuevo es la mejor decisión para acercarte a tu argumento final. Pero otras veces, lo que aspiras a hacer o ser, puede distraerte e incitarte por ser inalcanzable. Cuando consultes tus sueños, es imperativo que seas honesto y consciente de su factibilidad, porque es eso lo que te informará del papel que ellos juegan en tu vida. Está muy bien que algo no pase de ser una "ensoñación" para que puedas continuar centrado en tu trabajo diario. Nadie me enseñó esto mejor que Philip Papadis.

Philip Papadis fue mi compañero de estudios en la escuela primaria, secundaria, el bachillerato y la escuela de leyes. Sabía que era una persona inteligente y concienzuda porque siempre iba preparado a clases y le iba mejor que a mí en los exámenes sorpresa. Era menudo y de corta estatura, y no recuerdo que practicara ningún deporte en el bachillerato. Ni siquiera le recuerdo practicando deportes de la iglesia, que era lo que hacíamos los que amábamos los deportes, pero no éramos lo bastante buenos para formar parte de los equipos de la escuela.

Después de graduarnos de la escuela de leyes, Philip y yo fuimos compañeros de vivienda durante el verano que pasamos estudiando para el examen de la licencia de ejercicio. Tres años en la escuela de leyes no te dan mucho más que el derecho a tomar el temido examen. Por aquel entonces, el examen era tres días de tortura. El primer día consistía en una lista interminable de preguntas de opción múltiple. Francamente, la abogacía no se presta demasiado bien a las preguntas de elección múltiple (o, como a mí me gusta llamarlo, de adivinanza múltiple). Los días dos y tres eran preguntas de redacción.

Philip estudió mucho aquel verano. Se exigía mucho a sí mismo, como si el peso de algo más que su carrera aumentara o disminuyera con el resultado del examen. No dejó nada al azar en su preparación. Tenía una rutina. Se levantaba temprano para estudiar las preguntas del examen. Se tomaba un descanso para comer y luego pasaba la tarde practicando los exámenes de elección múltiple. Por la noche, en nuestra casa alquilada en Wheat Street en Columbia, revisaba la televisión en busca de Los Cachorros de Chicago.

Aún puedo verlo agachado frente al televisor, con la manopla de catcher en una mano que golpeaba suavemente con la otra, como si estuviera esperando el lanzamiento del *pitcher* de la televisión. Tenía veinticinco años, pero disfrutaba como un niño que vivía un sueño.

Yo tenía una rutina diferente. Participaba en una liga de béisbol de fantasía, un juego de béisbol virtual, con algunos de mis amigos de la escuela de leyes. Nos reuníamos antes de la temporada y hacíamos un borrador con todos los jugadores disponibles de las Grandes Ligas. A cada equipo se le juzgaba y se le daba un puntaje según su promedio de bateo, jonrones, robos de base y carreras empujadas. A los lanzadores se les juzgaba y se les daba un puntaje en función del promedio de carreras ganadas, victorias, ponches, partidos salvados y "whips" (*walks, hits, innings pitched*) que son bases por bolas más *hits* divididos por entradas lanzadas. A eso se limitaban las matemáticas de que eran capaces estos estudiantes de leyes. Además de la exhaustiva revisión diaria en el periódico de las fichas técnicas de resultados, había intercambios y adjudicaciones de jugadores.

Créanme cuando digo que ser mánager de un equipo de béisbol de fantasía requiere una enorme inversión de tiempo y energía. Mis padres siempre me enseñaron: "si vas a hacer algo, hazlo lo mejor que puedas", lo mismo que: "todo lo que vale la pena hacer, vale la pena hacerlo bien", junto con otro montón de lugares comunes que en esencia significan lo mismo.

Por supuesto, no quería decepcionar a mis padres dando poca importancia a mis responsabilidades con el equipo de béisbol de fantasía, de modo que, en consecuencia y lamentablemente, no podía dedicar mucho tiempo a estudiar para el examen jurídico estatal, ni a hacer pruebas de práctica o cualquier otra cosa que no fuera revisar las fichas técnicas de resultados de los partidos y rastrear las adjudicaciones de jugadores. Esa era mi rutina.

Philip y yo teníamos prioridades muy distintas, pero nuestras respectivas rutinas chocaban una vez al día. A la hora del almuerzo todos los días, sin falta, Philip hacía una pausa en sus estudios y venía a despertarme (yo dormía a esa hora porque mis padres también hacían hincapié en la importancia de descansar lo suficiente). Y cuando Philip entraba en mi cuarto, teníamos siempre el mismo coloquio:

Philip: "Hola, Trey, ¿ya te levantaste?"

Trey: "Umm, no, Philip, no me he levantado. Apenas es mediodía. ¿Quién está levantado a estas horas? Y, por cierto, cuando llegues a la parte de las pruebas en el curso para el examen, vas a encontrar una sección sobre pruebas circunstanciales. Un muy buen ejemplo de prueba circunstancial es que cuando alguien yace en una cama, en una habitación oscura, con los ojos cerrados, ¡es que está dormido!

Philip: Ah, vale, pues cuando te levantes, bajamos a la escuela a jugar pelota.

Así que me levantaba, me ponía las zapatillas de tenis, cogía mi guante y bajaba la calle hasta el patio de recreo de una secundaria cercana para lanzarle la pelota a Philip.

Él siempre había soñado con ser receptor de Grandes Ligas. No importaba que ni siquiera hubiera ingresado a nuestro equipo de béisbol de la secundaria. No importaba que Philip tuviera el tamaño de un niño de sexto grado quince años después de haber terminado sexto grado. Ambos sabíamos que nunca llegaría a ser jugador de béisbol de ningún nivel. Pero ese era su sueño y era inofensivo e inocente. Para mí, no era más que un paseo por la avenida del recuerdo hasta los viejos campos de béisbol del Parque Hillbrook en Spartanburg, una oportunidad diaria de sintonizar con mi infancia. Para Philip, era más que eso. Era un sueño presente, una fantasía viva solo durante una pequeña parte del día. Durante aproximadamente una hora, la realidad quedaba suspendida y su sueño despuntaba, hasta que llegaba la hora para él de hacer más pruebas prácticas del examen jurídico.

El sueño de Philip de ser un receptor de Grandes Ligas es uno de los recuerdos más vívidos que tengo de aquel miserable verano preparando un examen de tres días. El sonido de aquella pelota de béisbol encajándose en su guante, y la imagen de él agazapado en el estudio de una casa alquilada esperando a recibir el lanzamiento de un pitcher por televisión. Eso es lo que pienso cuando pienso en Philip. Pienso en el poder que los sueños tienen sobre nosotros; el poder de suspender la realidad, aunque sólo sea por un rato cada día.

Y eso es todo cuanto puedo hacer ahora: pensar con nostalgia en aquellos viejos tiempos con aquel *catcher* tan pequeño. Philip murió de repente, inesperadamente, a los cuarenta y cinco años. Pienso en Philip y en su sueño de jugar béisbol con una mezcla de alegría y tristeza. Nunca iba a suceder y la parte lógica de mí dice: "¿para qué perder el tiempo?".

Ahora bien, en realidad sí sucedió. Tal vez no como otros lo hubieran imaginado, pero su sueño se hizo realidad cada día de aquel verano durante la hora del almuerzo, al menos en su mente. Y quizá eso sea lo único que importa. No sé qué hay después de esta vida. Pero si hay un cielo, espero que Philip esté allí. Y en especial espero que haya encontrado a alguien con quien jugar a la pelota.

Al final de aquel verano de 1989, Philip aprobó el examen jurídico estatal, y yo también. Se convirtió en abogado siguiendo la carrera que había elegido en la universidad. Formó una familia y fue capaz de mantenerla. Era bueno en lo que hacía, aunque no fuera lo que más soñaba hacer. El poder de los sueños es que nos da una razón para tener esperanza, incluso contra todas las probabilidades matemáticas.

Alguien ajeno a la historia de Philip podría decir que no siguió sus sueños. A mi juicio, esa persona estaría equivocada. No persiguió con el corazón su sueño de ser receptor de las grandes ligas, porque las probabilidades eran muy bajas, casi inexistentes. Él lo sabía. Pero mantuvo calladamente vivo ese sueño mientras perseguía otros mucho más factibles.

Solía compadecer a quienes parecían carecer de la auto-crítica para darse cuenta de que aquello a lo que aspiraban y soñaban, nunca iba a suceder. Las posibilidades de convertirse en un actor o actriz de fama mundial son increíblemente pequeñas, por muchos papeles que obtengas en tu teatro local. Las probabilidades de convertirte en un atleta profesional son infinitesimales, a pesar de que en la escuela siempre te escojan de primero durante el recreo para el equipo de balompié. Pero ya no me compadezco de la gente cuando me cuenta abiertamente sus sueños más desquiciados. Entretener los sueños es importante, por irracionales que sean, mientras sean libres e inocentes y solo ocupen la hora del almuerzo.

Hay una diferencia entre los sueños de la hora del almuerzo, en gran medida imposibles o fuera de alcance, y los objetivos que son un reto, pero todavía a nuestro alcance. Conocerse a sí mismo ayuda a entender la diferencia y a distribuir el tiempo entre ellos de forma adecuada.

Medios, motivos y oportunidades

Quien haya visto una serie policíaca, habrá oído la frase "medios, motivo y oportunidad". Son tres aspectos del delito que deben ser definidos, explicados y probados para que el jurado llegue a un veredicto. Esos mismos factores pueden ayudarnos a medir si nuestros sueños son alcanzables y a tomar decisiones conscientes de nosotros mismos. Nuestras decisiones, idealmente, no implicarán delitos, pero sí tendrán grandes consecuencias. Si examinas cada una de esas categorías y respondes a algunas preguntas claves sobre ti mismo, podrás determinar cuáles sueños deberías perseguir con confianza.

Medios

¿Cuáles son tus talentos y habilidades? ¿En qué eres bueno? ¿De qué medios dispones para lograr tu objetivo? Cada uno de nosotros nace con disposiciones y talentos naturales como parte de nuestro código genético. Luego elegimos si queremos cultivar esos talentos a lo largo de nuestra vida. También podemos desarrollar habilidades en áreas en las que tal vez carecemos de talento natural. Conocer tus medios —las capacidades que tienes y las que puedes desarrollar— te ayudará a encontrar el éxito, mientras que no conocer tus medios probablemente acabe en vergüenza o algo peor.

Motivos

¿Qué te motiva? ¿Qué te apasiona? ¿Qué impulsa tus sueños y ambiciones? ¿Qué quieres realizar?

Lo que te motiva se puede determinar examinando cómo has avanzado hasta ahora en tu vida. Piensa en momentos en los que te entusiasmaba completar una tarea. ¿Qué te dio la energía y el impulso para hacerlo?

Es importante identificar tanto las motivaciones intrínsecas como las extrínsecas. La motivación es intrínseca cuando haces algo porque es intrínsecamente interesante y agradable. A mi esposa le gusta hacer sopas de letras. Yo no lo entiendo.

No me pongas a adivinar qué palabra se forma con las letras *o, o, g, n, m,* escríbeme la palabra.

Le gustaba el reto de desenredar letras y hacer una versión de *Wordle* mucho antes de que existiera *Wordle*. Durante años estuvimos suscritos al periódico local solo porque le gustaba hacer los crucigramas de la mañana. Me parecía una razón muy cara para suscribirse a un periódico, pero no me atrevía a decir nada porque para ella era una dicha. La mayoría de los días no tenía idea de si había acertado la palabra o no, aunque verla sentada en la mesa de la cocina durante horas con cara de perplejidad y un lápiz en la mano, era una prueba circunstancial de que no acababa de descifrar la palabra *gnomo*. No había premio al final, ni reconocimiento público de su habilidad y perseverancia. Ella es modesta y no se paseaba por la casa cantándose a sí misma el himno nacional como en una ceremonia de entrega de medallas. Simplemente lo disfrutaba, por sí misma, para ella misma.

Una motivación es extrínseca cuando uno hace algo porque conduce a un resultado definido.[*] A menudo voy al campo de golf a última hora de la tarde a jugar un partido contra mí mismo. Me gusta el golf, sí, pero mi motivación principal es mejorar para poder ganarles a mis amigos la próxima vez que

---

[*] Richard M. Ryan y Edward L. Deci, "Intrinsic and Extrinsic Motivations: Classic Definitions and New Directions" [Motivaciones intrínsecas y extrínsecas: Definiciones clásicas y nuevas orientaciones], *Contemporary Educational Psychology* 25, nº 1 (2000): 54–67, https://doi.org/10.1006/ceps.1999.1020.

juguemos juntos. Mi motivación es extrínseca en el sentido de que busco un resultado específico y externo: presumir.

A menudo, nuestras motivaciones intrínsecas y extrínsecas se solapan, pero es importante identificar ambas y hacerlo por separado, para poder entender claramente el porqué de nuestras decisiones.

Oportunidad

¿Qué oportunidades tienes actualmente? ¿Tienes tiempo libre o tu agenda está repleta? ¿Eres capaz de conseguir el tiempo y las oportunidades para dedicarte a algo nuevo que valga la pena?

Al igual que los medios, las oportunidades pueden surgir de forma natural o se las puede buscar y desarrollar. Pero hay que tener buen juicio para saber cuándo buscar oportunidades, cuándo crearlas y cuándo dejar que una puerta cerrada siga siendo una puerta cerrada.

Hay un versículo en el libro de los Salmos que dice: "Cantad con júbilo al Señor". Quienquiera que haya escrito eso nunca me ha oído cantar. Algunos ruidos son demasiado hasta para Dios.

Aun así, mis padres pensaron que era buena idea que yo estuviera en el coro de la iglesia. A mí no me parecía buena idea, sobre todo porque los ensayos del coro eran los domingos por la tarde y esa era una de las siete tardes que había reservado a la semana para hacer deporte. Pero aún no estaba en la etapa de mi vida en la que tomo mis propias decisiones y se me desautorizó sumariamente. Si me iban a forzar —en contra de mi voluntad— a formar parte del coro de una iglesia, pensé que al menos debía tener un papel protagonista ¿no?

El coro de la iglesia estaba haciendo audiciones para un musical. Cuando llegó mi turno, me senté al lado del Sr. Ronald Wells —el ministro encargado de la música—, en un banco de piano de la sala del coro de nuestra iglesia. Tocó una nota en el piano y me pidió que cantara esa nota, y así lo hice. O al menos eso creí. Mi recuerdo más vívido es el siguiente: alargó el brazo todo lo que físicamente pudo sin abandonar el piano y tocando otra tecla, dijo: "no, Trey, tú cantaste esto. Yo toqué esto; y tocó la tecla original".

Volvimos a intentarlo. El resultado no cambió. Necesitaba la envergadura de las alas de un albatros errante para alcanzar la nota que yo cantaba en vez de la que debía cantar. No dijo específicamente que el sonido que yo hacía cuando intentaba cantar era algo inaudito en cualquier parte del mundo, pero eso es sólo porque él era un ministro y se supone que deben ser amables. Estoy seguro de que lo pensó.

Volví a casa y les conté a mis padres que había hecho una prueba para un papel y que no era muy optimista sobre mis posibilidades. Me respondieron que tenía que "practicar" el canto, como si la voz de cantante pudiera adquirirse con suficiente esfuerzo y ganas. Practiqué. Practiqué mucho. Unos vecinos se mudaron. Mis hermanas llamaban a la policía. Unos cristales se quebraron. Era horrible. Cuanto más lo intentaba, peor era. No importaba lo mucho que "quisiera" ser buen cantante; "nunca" iba a suceder. Sí, ya sé que nos aconsejan "nunca" usar la palabra "nunca", pero es que la palabra nunca la inventaron para referirse a las probabilidades de que yo alguna vez llegara a ser buen cantante.

Es difícil que te echen del coro voluntario de una iglesia. Pero eso es lo que casi ocurrió. Estuve a punto de deshacer dos mil años de enseñanza cristiana con mi audición para cantar en el coro de una iglesia.

La triste e inconfundible realidad es que no sé cantar. Ojalá pudiera. Daría cada centavo que tengo por ser corista de Bono, el cantante de U2, pero querer ser bueno en algo y ser bueno en algo son dos cosas distintas. Yo tenía la motivación, pero no tenía ni los medios, gracias a Dios, ni tuve la oportunidad gracias al Sr. Wells. Puede que quiera que mi argumento final incluya que yo era un buen cantante, pero no hay pruebas que apoyen ese argumento final. Numerosos testigos, Ronald Wells el primero, no corroborarían mi afirmación de ser un buen cantante.

Ahora bien, a mi esposa, en cambio, le pasa lo contrario. Tiene un talento extraordinario. Sabe cantar y tocar el piano y el arpa. Sabe leer música y entiende la diferencia entre tono y sonido, melodía y armonía. Cuando se ve obligada a cantar en público, su talento hace que todo el mundo se pregunte por qué no canta más a menudo. Cuando estaba en la secundaria, participó en la misma gira del coro de la iglesia para la cual yo hice la audición y a pesar de su modestia, la obligaron a ser la cantante principal.

Poco después de casarnos, le pedían que cantara en grupos locales, clubes o iglesias de nuestra zona. Inmediatamente después de aceptar las invitaciones (porque no sabe decir que no a la gente), se producía un cambio en ella. Se llenaba de temor, angustia y ansiedad, que empeoraban a medida que se acercaba la fecha de la actuación. Se ponía tan nerviosa como Lindsey Graham se pondría en un concurso de ortografía. ¿Por qué? Porque no le gusta cantar en público. Es así de simple. Es buena en algo que no disfruta. Tiene los medios y muchas oportunidades, pero no la motivación ni las ganas.

Entonces, ¿cómo se alinean los medios, los motivos y las oportunidades? ¿Cuáles son los momentos en que lo que quieres hacer coincide perfectamente con lo que estás hecho para hacer? Lo he visto y experimentado muchas veces en mi vida. Y hubo una vez en que casi se lo estropeo a otra persona.

Recuerdo haber entrevistado a muchos jóvenes de ambos sexos cuando era procurador de circuito en Carolina del Sur. Una entrevista y su resultado se destaca más que el resto. Teníamos una vacante para fiscal de violencia doméstica en la corte de magistrados. Los casos de violencia doméstica son difíciles por muchas razones y la corte de magistrados se considera una corte inferior a la corte de sesiones generales del estado. Es una corte importante, pero la percepción era que se trataba de un trabajo de fiscal de nivel inicial y muy difícil. De modo que era complicado encontrar fiscales para ese puesto.

Cindy L. Smith presentó su candidatura y mi procurador adjunto Barry J. Barnette, y yo, la entrevistamos para la posición. Cindy era muy simpática, pero me pareció dolorosamente tímida. Cuando digo "tímida", me refiero a su dirección de correo electrónico incluía los nombres de sus dos gatos. Me pareció que utilizaba los nombres de sus gatos porque no le gustaba hablar con humanos. Y es muy difícil ser fiscal si no te gusta hablar con la gente.

Durante la entrevista, su pasión por ayudar a las víctimas de violencia doméstica fue evidente. Recuerdo que le dije a mi procurador adjunto después de entrevistar a Cindy: "nunca será una gran fiscal, pero tiene un gran corazón para las víctimas de violencia doméstica y a veces el deseo es más importante que el talento".

Le dimos una oportunidad. La pusimos en la corte de magistrados que procesa primeros casos de violencia interpersonal y me olvidé del asunto. "Con suerte sobrevivirá, se llevará bien con los investigadores de violencia doméstica, trabajará bien con la gente de los Hogares Seguros/Centro de Crisis por Violación y hasta allí". O eso pensaba yo.

Y entonces empecé a recibir llamadas. Primero me llamaron policías para preguntarme si había bajado a ver a la nueva procuradora. Y luego fueron los jueces los que llamaron: "¿has tenido chance de ver a tu nueva fiscal en acción?".

Y luego la llamada que, por supuesto, despertó mi curiosidad: "Gowdy, ¿has visto a Cindy Smith en un juicio con jurado? ¡Es mejor que tú!".

Cindy pasó de ser una "tímida" entrevistada a fiscal de primera, procesando los casos más importantes de nuestra oficina, a menudo junto a mí. Era fantástica. En parte era una habilidad natural que, francamente, yo había evaluado incorrectamente cuando la entrevisté. Pero, sobre todo, se convirtió por sí misma en una de las mejores abogados de corte que yo haya visto. Se dedicó a lo que le gustaba y decidió ser excelente en ello. Cuando la contratamos, tuvo la oportunidad, los medios y la motivación para hacer aquello para lo que parecía haber nacido.

A menudo, los tres elementos no coinciden. Tienes la motivación, pero no los medios ni la oportunidad. Tienes los medios y la oportunidad, pero no la motivación necesaria para impulsarte hacia adelante. Pero si los tres elementos se alinean, entonces estás claramente en camino hacia tu argumento final; es entonces cuando tu caso empieza a probarse a sí mismo.

Alineando habilidad y deseo

Tomar consciencia de uno mismo para evaluar nuestros medios, motivos y oportunidades requiere tiempo, ensayo y error y tal vez, algunas audiciones embarazosas. Pero una vez que iniciamos un diálogo honesto y abierto con nosotros mismos, vemos más claramente dónde estamos ahora y qué tenemos que hacer para llegar adonde queremos. A veces eso significa mejorar en lo que nos apasiona. A veces significa crear oportunidades donde no las hay. A veces significa aceptar que nunca serás el corista de Bono porque ni siquiera puedes entretener al público cautivo de la cárcel que necesita visitas en una gira del coro de una iglesia. A veces significa quedarte exactamente donde estás e invertir en lo que ya tienes.

Con base en mi propia experiencia, puedo decirte con seguridad que si no te gustan los conflictos es probable que no te guste la política, al menos en la actualidad. Si te gustan los contrastes, pero no los conflictos, puede que seas abogado litigante. Si te gustan los niños pequeños, pero no los adolescentes, no deberías dar clases en secundaria. Estas cosas son sencillas y obvias, pero me llama la atención el poco tiempo que dedica la gente a interrogarse honestamente sobre sus capacidades e intereses y sobre cómo se alinean; en especial, en lo que se refiere a la vocación.

Aquí tienes algunas preguntas para responder en tu audición:

- ¿Cuáles consideras que son tus dones y talentos?

- ¿Disfrutas lo que se te da bien, o puedes llegar a disfrutarlo?

- ¿Cómo evalúas si eres bueno en algo?

- ¿Te gusta algún tipo de trabajo o de vocación? ¿Se te da bien actualmente, o puedes lograr hacerlo bien con trabajo, formación y oportunidades?

- ¿Es importante para ti disfrutar lo que haces para ganarte la vida?

- ¿Cuánto tiempo estarías dispuesto y capaz para dedicar a los sueños que no entran dentro de lo posible? ¿Puedes perseguir ese sueño durante la hora del almuerzo, como Philip?

Una vez que sepas para qué eres bueno y lo que te gusta, podrás medir si tus metas son alcanzables y dedicar a cada sueño el tiempo que consideres oportuno. No tardé mucho en darme cuenta de que nunca sería cantante. Me bastó una audición fallida y estaba acabado. No pasa nada si lo que realmente anhelas nunca se hace realidad. Muchas de las cosas con las que soñamos no se hacen realidad y, sin embargo, sigue mereciendo la pena perseguirlas, en su justa proporción.

"No dejes tu trabajo" es una frase que se utiliza a menudo para criticar a alguien por un mal desempeño o intento de algo. No quiero que mi consejo central aquí salga con el mismo tono, así que lo diré un poco diferente: "Encuentra tus sueños a la hora del almuerzo". No tengas miedo de explorar, fracasar y hacer audiciones, porque así es como descubrimos de lo que somos realmente capaces.

9

Encuentra a tu Natán

No importa cuánto tiempo pasemos en una encrucijada sopesando nuestras decisiones, considerando
los pros y los contras y evaluando los riesgos, a menudo estaremos demasiado cerca del asunto para
ver el panorama completo. Por eso es tan valioso
contar con personas en las que puedas confiar que
te indiquen el camino correcto cuando vas en la dirección equivocada, o al menos, para que detecten
los obstáculos que se te hayan pasado por alto.

Eres el hombre

Todos conocemos de ambos tipos: el solitario y el indeciso.

Conocemos al solitario, que tiende a ir por la vida tomando sus propias decisiones, sin buscar más consejo que el
propio. Dicen: "no me importa que los demás piensen que
es mala idea. Voy a hacerlo de todos modos".

Estar solo en tu toma de decisiones no significa, per se,
que estés tomando la decisión equivocada. Pero si nunca

te ratifican ni siquiera los que comparten un interés común contigo, quizá tu cálculo en la toma de decisiones no sea acertado.

También conocemos a dubitativos a quienes paraliza la indecisión. Ya sea por debilidad, deseo de agradar o falta de confianza, buscarán y escucharán el consejo de demasiadas personas y cambiarán de opinión a cada rato. A menudo, quien se le acerca de último antes de que tome la decisión, es quien más influye. Tuve la suerte de que la inmensa mayoría de los jueces ante los que comparecí eran inteligentes, éticos y justos. Pero a un par de ellos les costó mucho tomar decisiones, y ser juez es un trabajo difícil si no te gusta tomar decisiones. Un juez en particular destacaba porque el último en hablar con él ganaba. Y punto. No le gustaba desagradar a la gente y luchaba con su propia capacidad de decisión. Así que nos veíamos compitiendo por ser la última persona en hablar con él, porque el último en hacerlo iba a ganar. Eso es un indeciso.

Quienes mejor toman decisiones sintetizan los dos enfoques. Conocen su propia opinión y consultan con los demás su punto de vista. La sabiduría no es solamente ejercer uno el juicio correcto, sino también tener la discreción de saber a quién vale la pena escuchar y a quién no. Si quieres tomar las mejores decisiones en la vida, debes conocerte con todas tus debilidades. Y debes tener a un Natán en tu vida: alguien que se atreva a hablarte antes de que tomes decisiones significativas, y tenga el coraje de aconsejarte y corregirte después de que tomes decisiones equivocadas.

¿Quién es Natán? Natán es un profeta que aparece en el Antiguo Testamento. A lo largo del reinado del rey David Natán lo asesoró en varios asuntos, proporcionándole una visión y una orientación esenciales en torno a decisiones cruciales. En mi mente destaca un momento de la historia en que la orientación de Natán era muy necesaria, pero no se le consultó.

He aquí un resumen: El rey David cometió adulterio tras ver a una hermosa mujer bañándose en su azotea. Se llamaba Betsabé. Su marido se había ido a combatir a una guerra en la que el propio David debía de haber estado al mando de los soldados. En vez de eso, David se quedó, la hizo venir, y se acostó con ella. Poco después, ella le mandó decir a David que estaba embarazada.

Buscando encubrir el desastre que había hecho, David hizo que Urías, el esposo de Betsabé, pudiera volver a casa y dejara la guerra por unos días. Pero Urías se negó a entrar a su casa a estar con su esposa, porque sus compañeros seguían en combate y no podían darse el mismo lujo. Entonces David tomó medidas drásticas. Envió un mensaje al comandante del ejército, que decía: "Poned a Urías al frente, en lo más recio de la batalla, y retiraos de él, para que sea herido y muera." (2 Samuel 11:15 RVR1960).

Sería difícil imaginar peor serie de decisiones que las que tomó David en este caso.

Cuando eres débil, sin poder y sin autoridad, mucha gente está dispuesta a reprenderte. Y cuando eres la persona más poderosa de la sociedad en la que vives, es difícil encontrar a alguien que te diga la verdad. Pero Natán estaba dispuesto a decir la verdad, incluso a la persona más poderosa del país.

En 2 Samuel 12, vemos la esencia de un buen consejero: "12 Jehová envió a Natán a David; y viniendo a él, le dijo: Había dos hombres en una ciudad, el uno rico, y el otro pobre. 2 El rico tenía numerosas ovejas y vacas; 3 pero el pobre no tenía más que una sola corderita, que él había comprado y criado, y que había crecido con él y con sus hijos juntamente, comiendo de su bocado y bebiendo de su vaso, y durmiendo en su seno; y la tenía como a una hija. 4 Y vino uno de camino al hombre rico; y este no quiso tomar de sus ovejas y de sus vacas, para guisar para el caminante que había venido a él, sino que tomó la oveja de aquel hombre pobre, y la preparó para aquel que había venido a él. 5 Entonces se encendió el furor de David en gran manera contra aquel hombre, y dijo a Natán: Vive Jehová, que el que tal hizo es digno de muerte. 6 Y debe pagar la cordera con cuatro tantos, porque hizo tal cosa, y no tuvo misericordia. 7 Entonces dijo Natán a David: Tú eres aquel hombre. (2 Samuel 12 RVR1960)"

¡Tú eres el hombre! En nuestra cultura escuchamos esas palabras en los eventos deportivos. Las oímos como una atribución de poder o un intento de congraciarnos con los que tienen autoridad. Pero Natán no lo dijo con ese sentido.

¡Tú eres el hombre! Esas cuatro sencillas palabras, dichas por un profeta a un rey, muestran lo que un consejero de confianza debe estar dispuesto a hacer por nosotros y, a la inversa, lo que nosotros deberíamos estar dispuestos a hacer por otros. Los mejores consejeros, los que nos pueden ayudar a tomar las mejores decisiones en la vida, nos dicen lo que tenemos que oír en vez de lo que queremos oír.

El mundo está lleno de facilitadores. El mundo está lleno de aduladores. El mundo está lleno de gente que quiere hacernos sentir felices, no que seamos mejores. ¿Tienes un Natán en tu vida que no solo te diga 'eres el hombre' (o la mujer) cuando tomaste una decisión terrible, sino que también te advierte antes de que tomes la decisión equivocada? ¿Quién es el Natán de tu vida?

Humilde consejo

En febrero de 2000, cuando dejé el trabajo de mis sueños como ayudante de fiscal de los Estados Unidos para postularme a procurador de circuito, también estaba dejando el sistema de justicia criminal federal, que es el único sistema de justicia criminal que había conocido. Dejar lo familiar es duro, y a veces uno oye el canto de la Sirena que lo invita a volver.

En 2001, apenas había prestado juramento como procurador de circuito cuando surgió una vacante para una posición en el sistema federal: juez magistrado de los Estados Unidos. Los jueces magistrados federales colaboran estrechamente con los jueces de corte de distrito en materia criminal y civil. Los jueces magistrados no son confirmados por el Senado o nombrados por los presidentes, sino que son seleccionados y elegidos por los jueces en ejercicio de las cortes de distrito de Estados Unidos. En otras palabras, el juez federal para el cual yo había trabajado durante dos años sería una de las personas que votaría si yo me postulaba. Lo mismo ocurriría con los otros jueces ante los que yo había llevado casos durante los seis años anteriores.

Había buenas razones para hacer este rápido cambio. Los jueces magistrados son elegidos para mandatos de ocho años, y existe una fuerte presunción de que, si uno hace bien su trabajo, será reelegido por los jueces de corte de distrito para un subsecuente mandato de ocho años. Ocho años de empleo garantizado. Ocho años de buen salario. Y volvería a un sistema prestigioso con el que estaba familiarizado. Este trabajo prometía muchas de las cosas que favorecían una de mis metas, que era garantizar la seguridad de mi familia y por lo tanto favorecía algunos aspectos de mi deseado argumento final de que yo era un buen marido y padre que cuidaba de su familia. También me proporcionaba familiaridad y coherencia. Yo conocía el trabajo. Trabajaría para las mismas personas que antes. ¿Era el trabajo de mis sueños? Por supuesto que no. ¿Era previsible, fiable y, por tanto, seguro? Sí. Y ahí radica una de las batallas o puntos de discordia a los que nos enfrentaremos en la vida: ¿nos conformamos o nos esforzamos?

Es cierto que me había pasado meses pidiendo a los habitantes de mi condado que me apoyaran, me hicieran donaciones y votaran por mí en mi disputada carrera por la fiscalía de distrito contra un fiscal de larga trayectoria. Es cierto que había pedido a los votantes el derecho a representarlos en la corte criminal estatal como su fiscal electo. Es cierto que mucha gente había apostado por mí. Pero la oportunidad de convertirme en juez magistrado de los EE. UU. podía ser la oportunidad de mi vida. Significaba la seguridad para mi familia. Era visto como un honor. Podría, al menos en teoría, llegar más adelante a un cargo de juez federal como el del juez para el cual trabajé después de la escuela de leyes, y esos cargos dan seguridad de por vida. Seguro que los votantes de mi ciudad entenderían por qué dejaba un trabajo para el que acababa de ser elegido, y volvía al sistema que acaba de dejar ¿verdad? Seguro que mi esposa, mis padres y todos los que habían dejado su vida en suspenso durante meses para ayudarme a salir elegido entenderían que prefiriera la seguridad y la familia a los caprichos de un cargo por elección.

Decidí seguir adelante y optar a la magistratura. Sería incómodo explicar por qué dejaba el trabajo de procurador de circuito tras apenas unos meses, en un cargo de cuatro años, pero ¿qué es una incomodidad comparada con la seguridad de tu familia a largo plazo? ¿Qué es una pequeña incomodidad comparada con ocho años de seguridad laboral? Además, el nuevo trabajo era más difícil de lo que pensaba. Ser fiscal de circuito electo es muy diferente de ser un simple fiscal de línea en la Fiscalía de los Estados Unidos. Tuve que contratar, formar y supervisar a más de sesenta empleados. Mi oficina tenía que tramitar decenas de miles de órdenes judiciales. Los agentes de policía esperaban que sus casos fueran procesados con todo el alcance de la ley, a pesar de que no había ni tiempo ni recursos suficientes para hacerlo. A todos nos han advertido: "ten cuidado con lo que deseas, puede que lo consigas". Pues bien, yo lo conseguí. Y no sabía muy bien qué hacer con él. Y así empezamos a razonar con nosotros mismos. Empezamos a buscar excusas en nuestra mente y por eso necesitamos que alguien más nos aconseje. Aunque no lo "queramos", lo "necesitamos".

Han pasado más de veinte años, pero recuerdo como si fuera ayer a mi padre pasando por casa. Mi padre es muy lento en las conversaciones. Creo que la expresión "lentitud pasmosa" se inventó para describir su ritmo a la hora de ir al grano. Pero no esta vez. Estaba claro desde el momento en que llegó a mi casa lo que tenía en mente:

"No puedes hacer eso, me dijo. No puedes dejar un trabajo al que acaban de elegirte. No está bien y no es justo con todos los que te ayudaron a ser elegido. Debes cumplir el compromiso que asumiste. Se lo debes a ellos."

No me hizo ninguna gracia. "¿Qué sabe un médico del sistema judicial? ¿Acaso no puede entender el deseo de un marido y padre de proporcionar un mínimo de seguridad y previsibilidad a su familia? Esto es sólo el anticuado sentido del honor de mi padre."

Para mí, era una elección entre ser fiscal o juez y ser juez me proporcionaría una vida más fácil en esta coyuntura. No, por supuesto que no era exactamente lo que quería hacer y no era lo que había buscado, pero ser juez magistrado federal no tiene por qué avergonzar. Puede ser el primer paso para llegar a la clase de magistratura que Donald Russell tenía. Allí estaba otra vez la pirámide aquella.

Para mi padre, sin embargo, era una elección entre honrar la palabra que di a los votantes de mi condado natal, y perseguir algo solo porque era más conveniente para mí.

No obtuve la validación y apoyo que necesitaba de mi padre, así que recurrí a alguien más cercano a mi edad que sabía algo más sobre riesgo, seguridad y la presión de mantener a una familia joven. Decidí hablar con mi viejo amigo Ben Gramling.

Ben y yo nos conocíamos desde el final de la adolescencia. Nuestras esposas eran mejores amigas en la universidad y nos presentaron el uno al otro (de lo cual se arrepintieron enseguida). He jugado más rondas de golf con Ben Gramling que con cualquier otra persona del planeta. Lo vi pasar de recoger melocotones en un huerto familiar a vender casas y pequeñas extensiones de terreno, a mudarse luego a Charleston, Carolina del Sur, para iniciar una carrera en el desarrollo inmobiliario. Un hombre que se fue de casa para perseguir su sueño. Dejó un cómodo negocio familiar para dormir en su automóvil (literalmente) en Charleston y labrarse su propio camino. Seguro que me entendería y apoyaría. Un sábado nos pasamos horas dando vueltas por las carreteras de Spartanburg para hablar de la disyuntiva que tenía entre continuar siendo procurador de circuito electo o dejar ese trabajo prematuramente para trabajar como juez magistrado de los Estados Unidos. Cuando le expliqué la situación, me apoyó. Pero no estaba de acuerdo conmigo.

Ben estaba de acuerdo con mi padre, pero por razones totalmente distintas. A Ben no le preocupaba cómo sería recibida por los demás la decisión de dejar el cargo antes de tiempo. Comprendía el poderoso atractivo que tienen la seguridad y la previsibilidad en la vida. En cambio, sostenía que, para aprovechar todo el potencial de la vida, había que correr algunos riesgos. El verdadero riesgo había sido dejar la Oficina del fiscal de los Estados Unidos para postularme al cargo de fiscal de circuito. Ese riesgo ya había pasado. No había mucho riesgo en cumplir mi mandato.

"Si la 'cosa de la judicatura federal' —como él lo llamaba—, es lo que quieres, entonces es posible que se te presenten otras oportunidades en el futuro. Pero una vez que aceptes ese cargo de juez, en esencia no estás obteniendo seguridad sino unas esposas. No es un trabajo que puedas dejar. Al menos, no fácilmente".

La mañana siguiente era domingo. Mi esposa y yo estábamos sentados en la iglesia, y me incliné y le dije:

—Voy en el auto hasta Anderson a decirle al juez Anderson que no puedo aceptar el puesto de magistrado. (Sí, el juez Anderson vive en Anderson, Carolina del Sur. Es un estado pequeño. ¿Qué puedo decir?)

—¿Estás seguro de que eso es lo que quieres hacer? —me preguntó.

—No, no estoy seguro —respondí, —pero ya que no estoy seguro, quizá deba quedarme donde estoy y no hacer ningún cambio.

Así que me levanté durante el sermón, me dirigí a mi camioneta y conduje hasta Anderson, Carolina del Sur, para decirle al juez federal, quien había hecho más que nadie por mi carrera, que no iba a aceptar un trabajo con él. Estaba seguro de que se iba a enfadar conmigo. Esos trabajos no se daban muy a menudo y, cuando se daban, eran muy competitivos. En mi opinión, o decepcionaba a mi padre aceptando el trabajo o decepcionaba al juez Anderson no aceptándolo. Fue uno de los viajes más miserables que he hecho nunca. No me gusta decepcionar a la gente que ha sido buena conmigo.

Me detuve en el camino de entrada de su casa en Anderson, y la puerta de su patio trasero estaba abierta. Allí estaba, en la parte de atrás, trabajando en el jardín.—¿Qué demonios haces aquí, Trey? ¡Es domingo por la tarde!

—Bueno, juez, necesito decirle algo, y quería decírselo cara a cara —le dije, —Juez, quiero agradecerle todo lo que ha hecho por mí, pero no puedo dejar un trabajo para el cual acabo de ser elegido. No puedo dejarlo pronto, ni siquiera por algo tan grandioso como una magistratura federal.

La pausa pareció durar horas. Decir que el juez podía ser mercurial sería un flaco favor a la palabra "mercurial". No había que esperar mucho para averiguar lo que el juez Anderson estaba pensando. Si mi padre podía ser de una lentitud pasmosa, el juez Anderson podía ser volcánico. Así que me preparé. Y entonces habló.

—Para empezar, nunca pensé que debías aceptar el puesto de juez, Trey —dijo, —ser fiscal es mucho más divertido. Deberías quedarte donde estás.

Yo había supuesto que el juez Anderson quería que siguiera sus pasos, que volviera al sistema federal y me abriera camino hasta llegar a lo que él era: un juez federal. Supuse mal. Él mismo había dejado la corte por la seguridad de un nombramiento vitalicio, pero en el fondo siempre fue un abogado litigante y, al final, eso era lo que quería que yo fuera e hiciera también. Había cambiado su pasión por la seguridad, más tarde en la vida, pero aún había un matiz de arrepentimiento cuando recordaba los "buenos tiempos" como abogado de sala frente a los días, digamos, predecibles, como juez de sala.

Tuve la suerte de tener a un padre que se preocupaba lo suficiente por mis decisiones como para decirme que estaba equivocado. Yo era un hombre adulto en ese momento de la vida y podía haberme dicho fácilmente: "Puedes tomar tus propias decisiones y cometer tus propios errores". Pero no lo hizo. Se arriesgó a una conversación incómoda para ayudarme a poner mi vida en orden. Era un Natán. También lo era Ben Gramling. Ben es un compañero, no un padre. No le importaba lo que otros pensaran de mi decisión o cómo le caería al electorado. Simplemente pensaba que era un error para mí, que era su amigo, y no tuvo reparos en decirlo. Me sentí agradecido por las perspectivas de ambos. A menudo, las nuevas oportunidades parecen tentadoras. En este caso, me alegro de que mis Natán me ayudaran a decidir que tenía que quedarme.

Encuentra a tu Natán

Cuando busques a los Natán de tu vida, presta atención a tres requisitos importantes:

1. **Personas que tienen en cuenta tus intereses.** Se preocupan más por tu mejoramiento que por tu "felicidad" a corto plazo. Quieren ayudarte a preparar el argumento final que deseas.

2. **Personas que te conocen bien.** Conocen tus fortalezas, debilidades e inclinaciones y cuándo eres propenso a dejarte llevar demasiado por el miedo y las emociones.

3. **Personas honestas y valientes.** Necesitas personas que no tengan miedo de decir lo que piensan, o cuyo interés por ti supera su miedo a la confrontación. A veces incluso pueden herir tus sentimientos para protegerte de dañar cosas más importantes.

Si vamos a tener a Natán en nuestras vidas, tenemos que ser personas que escuchen con humildad los sabios consejos de los demás, personas que no se pongan a la defensiva ni se molesten con las críticas. ¿Fomentas la franqueza entre tus consejeros? ¿Acaso tus amigos, familiares y colegas se sienten cómodos diciéndote que te equivocas? ¿Se sienten autorizados a hablar cuando se toman decisiones? Una vez que encuentres a tus Natán, debes estar dispuesto a consultarlos.

¿Qué es lo opuesto a un Natán?

Tan importante como averiguar quiénes son tus Natán es evaluar quién no quieres que te aconseje sobre tu vida. Si te rodeas de personas complacientes o de gente indiferente a tu definición del éxito, es muy posible que termines varado a consecuencia de malas decisiones. Lo contrario de Natán no suele ser un archienemigo, sino un amigo o conocido que sólo quiere que te sientas "feliz" en el momento. No quiere presionarte ni desafiarte de ninguna manera. Tal vez considere que la labor de un amigo es ser un ratificador o un validador o alguien que te apoya hagas lo que hagas. Una cosa es el apoyo y otra el consejo.

Otras veces, los opuestos de Natán querrán hundirte. La verdad es que no todo el mundo quiere que te vaya bien. En octavo curso, un profesor de la escuela dominical fue el primero en decírmelo: "Trey, nunca des por sentado que todos quieren que te vaya bien". Fueron sus palabras exactas.

En aquel momento no tenía ni idea de lo que hablaba. Pero ahora sí que lo sé. Dejaré que los psicólogos expliquen "por qué" no todo el mundo quiere que tengas éxito, pero yo solo sé el qué, y es que no todas las personas que deberían tener tu mejor interés en mente lo tendrán en mente. Pueden ser incluso personas cercanas. Personas que respetas.

El difunto Elijah Cummings era un colega en la Cámara de Representantes de los Estados Unidos. Era un demócrata de Maryland y yo un republicano de Carolina del Sur. Las circunstancias de nuestro servicio juntos nos pusieron en lados opuestos en varios asuntos e investigaciones y podíamos pelear ante las cámaras de televisión tan bien como Ric Flair y Hulk Hogan (dejaré que ustedes decidan quién es quién en la analogía Flair-Hogan). Pero luego estaba el otro noventa y nueve por ciento del tiempo que pasábamos juntos. Nunca hubo un cruce de palabras entre Elijah Cummings y yo en lo que muchos llamarían "la vida real", fuera de la sala del comité y lejos de las cámaras. Nunca hubo un momento de aspereza fuera de lo que el ambiente político fabricaba o exigía en el momento.

La primera conversación larga que mantuvimos Elijah y yo me dejó una huella imborrable. Era tarde una noche de 2011 en un autobús en Ciudad de México. Éramos miembros de una delegación del Congreso que visitaba México para hablar con los cuerpos de seguridad. En ese momento, Elijah era uno de los miembros más poderosos del Congreso, ya que había optado por el servicio público al culminar una exitosa carrera como abogado. De su carrera jurídica era de lo que quería hablar en esas primeras horas de la mañana en aquel autobús en México, una carrera jurídica que estuvo muy cerca de no empezar nunca.

Cuando Elijah estaba en bachillerato, dejó saber que quería estudiar leyes y convertirse en un gran abogado litigante. Un orientador de su escuela le dijo que nunca sería abogado. Este orientador había concluido que Elijah iba a necesitar ganarse la vida "con las manos, no con la cabeza". No solo fijó bajas expectativas en Elijah, sino que hizo algo peor: compartió esas bajas expectativas con él, que era un estudiante joven e impresionable, que ya de por sí luchaba contra el enemigo de la duda.

En este punto de la historia de Elijah intuí que iba a tener un final feliz, porque Elijah empezó a reírse. Me dio un golpe en el brazo y me dijo divertido: "Gowdy, ¿quieres adivinar quién fue mi primer cliente cuando salí de la escuela de leyes? Adivina quién fue la primera persona que me llamó en busca de ayuda legal cuando me gradué y aprobé el examen jurídico".

Antes de que me diera tiempo a adivinarlo, Elijah respondió a su propia pregunta: "¡El mismo orientador, ese mismo!".

Elijah tenía una risa profunda y rica que lo hacía a uno querer compartir su hilaridad.

—¿Lo aceptaste como cliente? —le pregunté.

—Por supuesto que lo acepté, Gowdy, pero pagó tarifa completa. Lo perdoné, pero nunca olvidé.

Elijah se convirtió en un abogado y congresista de éxito que, cuando murió, fue honrado con un velorio en el Capitolio de los Estados Unidos.

No todo el mundo quiere que te vaya bien. Incluso las personas que deberían velar por tus intereses (como un orientador) a veces no lo hacen, y debes aprender a distinguir a los Natán de las personas que intentan disminuirte. Si la gente está trepando, tratando de adelantarte o proyectando sobre ti las bajas expectativas que otros pusieron en sus vidas, sea cual sea la razón que tengan, esa carga no es tuya. Pero sí es tu advertencia.

Lo que los demás piensen de nosotros no es asunto nuestro

Tim Scott, John Ratcliffe, Kevin McCarthy y yo íbamos a cenar juntos con frecuencia mientras estuve en el Congreso. Ese era el grupo central, y también teníamos un puñado de invitados habituales. Adoptamos la regla de "nada negativo" en nuestras cenas: nunca sacaríamos a relucir algo negativo que se hubiera dicho o escrito sobre nosotros. Era una zona segura. Si ya se ha dicho o escrito, no podemos cambiarlo ¿para qué sacarlo a relucir?

De vez en cuando algún invitado infringía esa regla, pero la infracción no duraba mucho. Un invitado empezó una frase con:

—Tim, no puedo creer lo que dijeron de ti en Twitter.

Le avisé cortésmente a nuestro invitado que, si terminaba su idea, lo iba a apuñalar con el cuchillo de la mantequilla. Iba a terminar de todos modos cuando Ratcliffe le dijo:

—No digas una palabra más. No hablamos de esas cosas.

Por fin el invitado captó el mensaje, y sobrevivió a la cena sin heridas de cuchillo.

En nuestra manera de ver, nos conocíamos mejor que cualquiera de los medios de comunicación. Entonces ¿por qué íbamos a ocuparnos de las opiniones y presunciones mal informadas de unos extraños cuando podíamos disfrutar de nuestra compañía, y hablar literalmente de cualquier cosa? Cuando comenzamos a dejar que personas que ignoran hasta el más mínimo detalle de nuestras vidas, nuestras motivaciones o nuestro carácter determinen nuestro valor o siquiera afecten nuestras conversaciones y decisiones, hemos perdido el rumbo.

Ya sea en público o no, vivimos en una época en la que extraños se sienten con derecho a expresar opiniones no solicitadas sobre todo y sobre todos, y si no aprendemos a filtrar el ruido, nos perdemos en la cacofonía de juicios sin fundamento. Tomar decisiones acertadas y ejercer nuestro sano juicio ya es bastante difícil sin que además intervenga un ejército de gente que no conocemos. Cuando permitimos que esa gente altere el peso y el equilibrio de nuestras decisiones, las cosas se distorsionan. No debemos permitir que las opiniones de personas que ni siquiera van a presenciar nuestros argumentos finales afecten nuestras decisiones.

¿Por qué te importa lo que digan de ti en las redes sociales? ¿Quién crees que te conoce mejor? ¿Tú o alguien en Twitter con un mal avatar, que opera bajo un seudónimo? Pregúntate honestamente por qué te importa lo que los demás piensen de ti. Solía ver a miembros de la Cámara de Representantes sentados en el hemiciclo durante series enteras de votaciones revisando sus páginas en las redes sociales. Eran adictos a lo que los demás pensaban de ellos. Rara vez eres tan bueno o inteligente como la gente dice que eres, y es probable que tampoco seas tan tonto o malo. Si quieres opiniones objetivas sobre tus decisiones, ¿por qué no preguntarles a personas que te conocen y saben cuáles son tus motivaciones? ¿Por qué preguntar a personas del otro lado del mundo que nunca han tenido una sola conversación contigo?

No vas a cambiar la opinión que todo el mundo tiene de ti, y dedicarle esfuerzos a eso te hace perder un tiempo que podrías dedicar a la gente que sí te conoce y te quiere. En lo que atañe a la opinión que extraños y conocidos tienen de nosotros, deberíamos ocuparnos de nuestros asuntos, dejar que piensen lo que quieran y vivir nuestras vidas.

Según mi experiencia, los Natán son personas que están a tu lado y te elevan, mientras unos extraños, en especial en las redes sociales, se empeñan en señalar tus defectos. Dirán que es ser cínico o reduccionista, pero cuando se trata de a quién busco para reafirmar mi sentido de autoestima, no me verán consultar a mis amigos de Facebook o la sección de comentarios de alguna noticia en un sitio web. Estaré cenando con la gente de mi círculo íntimo, hablando de las cosas en las que cada uno de nosotros es experto, que somos nosotros mismos y nuestras motivaciones en la vida.

Cuando pienso en la vida del rey David, veo a un hombre que necesitaba la honestidad de Natán tras cometer un grave error. Serás afortunado —y tendrás el mejor juicio— si puedes juntar a un pequeño grupo de consejeros que te digan lo que necesitas oír en lugar de lo que quieres oír. Los debes poder contar con los dedos de las manos. Y tienes que estar también a su disposición.

Lo que David no sabía era que en realidad necesitaba a Natán en la azotea cuando él vio a Betsabé por primera vez. Es estupendo que tus Natán te digan lo que podrías o deberías haber hecho, después de hecho. Es exponencialmente mejor tener a tu disposición esa información antes de tomar tus decisiones. Y la forma de conseguir lo que necesitas es dejar siempre la puerta de la azotea abierta y sin llave. O, mejor dicho, darle la llave a una poca gente de confianza.

Quédate donde estás

Quedarse donde uno está es una decisión que requiere dedicación, visión y motivación. Puede ser muy difícil dejar pasar nuevas oportunidades que se te presenten o no marcharte cuando las cosas se ponen difíciles, pero a veces quedarte te permite edificar plenamente un sueño que te impulsa hacia tu argumento final. Mientras mejor te conozcas, y conozcas tus objetivos finales, tus puntos fuertes y flacos, la posibilidad de alcanzar tus sueños, y a quién acudir cuando te sientas confuso o en conflicto, más preparado estarás para quedarte con confianza donde estás cuando llegue el momento.

Aquí tienes cinco preguntas que debes considerar mientras sopesas la decisión de quedarte:

1. ¿Cuáles son los posibles beneficios a largo plazo de quedarte donde estás?
2. ¿Cuáles son las razones por las que estás estudiando la posibilidad de dejar, y no sería mejor quedarte y resolver las causas de tu malestar?
3. ¿Quedarte te permitirá crecer más o frenará tu crecimiento?
4. ¿Quiénes son las personas de tu vida a las que puedes involucrar en esta decisión?
5. ¿Te comprometes a no dejar que quienes no saben nada de ti influyan en la forma en que te ves a ti mismo?

TERCERA PARTE

DÉJALO

10

Caducidad

La decisión de dejar algo puede ser uno de los actos más desafiantes y liberadores. Dejar algo puede ser aterrador, triste, estimulante, difícil, aliviador, necesario o todo lo anterior. Saber cuándo dejar algo sólo puede determinarse evaluando honestamente tu situación y la de en quién quieres convertirte en la etapa siguiente de tu vida.

A qué precio

En el 2009, hacia el final de mi etapa como procurador de circuito, el trabajo de perseguir delitos en la corte estatal durante una década había empezado a cobrar su precio. No era un precio físico —el trabajo no es físicamente agotador—, ni emocional —la tristeza y el dolor forman parte de la vida—. Lo que sentía se podría describir mejor como un precio espiritual.

Llevar casos de crímenes violentos uno tras otro, ver imágenes de todo tipo de abusos, depravación y maldad, tuvo un alto precio. La exposición repetida a los peores elementos de la humanidad estaba afectando negativamente a lo que quedaba de mi alma. Hay muy pocos finales felices en el sistema de justicia criminal. Y "cierre" suele ser una palabra pronunciada por quienes no han enterrado a un ser querido o sobrevivido a un trauma personal.

De vez en cuando me encontraba con predicadores en el sistema de justicia criminal estatal, por lo general como acusados o en la corte en representación de un acusado. Rara vez vi allí a "ministros" en representación de una víctima. Recuerdo un caso especialmente atroz, que implicaba no sólo la agresión sexual a un niño, sino también el asesinato al azar de una mujer que no tenía ninguna relación con el acusado. Este crimen combinaba lo peor de la naturaleza humana en una sola persona: la capacidad de herir, de una forma horrible, a los más vulnerables de entre nosotros y a continuación, la capacidad de quitar la vida a un extraño porque era conveniente.

Pero eso no impidió que gente de la "iglesia" del acusado acudiera a la corte para "apoyarlo". La mitad de la sala estaba llena de partidarios de un pedófilo que había matado a una joven madre. El lado de las víctimas de la sala estaba vacío. Eso no me gustó nada y sigue sin gustarme.

Y, sin embargo, me encantaban los retos de la sala de audiencias y me encantaba armar una acusación. Sentía que mi profesión cobraba vida cuando daba voz a los maltratados, los heridos y los muertos. Hacerlo tenía un propósito y un significado. Hacía por los demás lo que literalmente no podían hacer por sí mismos, y ayudaba a los sobrevivientes a exigir justicia y responsabilidad. Creo que hice un buen trabajo por las víctimas y sus familias y amigos. Sé cuánto me esforcé.

Pero amar algo y ser bueno en algo no siempre basta. A veces, aun el trabajo que amas y que te da satisfacción tiene un costo acumulativo demasiado elevado para ti o para los que más quieres.

Algunos trabajos, por muy gratificantes que sean, tienen fecha de caducidad. Esto no significa que estabas equivocado cuando decidiste empezar. Sólo significa que tienes que saber cuándo es el momento de dejarlo.

El reto de ser fiscal de violencia doméstica o interpersonal es que invariablemente alguien hiere o mata a una persona a la que decía "amar".

Cuando se es fiscal de abuso infantil o abuso sexual infantil, es por lo menos doble: (1) la pérdida de inocencia que se experimenta cuando hieren, aterrorizan y abusan de los más vulnerables; y (2) tu mente empieza a percibir amenazas para sus propios hijos donde racionalmente no existen.

El reto de ser fiscal de homicidios es que siempre estás lidiando con la muerte, y a menudo es el tipo de muerte que más tememos, aquella en la que la puerta principal de nuestras vidas se abre de una patada, sin previo aviso, sin tiempo para despedirse, sin tiempo para hacer enmiendas, sin tiempo para pedir algo. Lo último que hayas dicho a los que más quieres valdrá para siempre. La clase de muerte en la que tu última visión está llena de maldad, no de amor. Y los que te quieren saben que tu final fue aterrador y lleno de odio.

Cuando se enjuician casos de homicidio, es esa muerte llena de terror la que aparece en primer plano en casi todos los expedientes que llegan a tu mesa. Los mejores fiscales se obligan a experimentar lo que vivió la víctima y lo que están viviendo sus seres queridos. Para ser una "voz de los sin voz" eficaz, hay que saber qué dirían y cómo lo dirían. Para decirle "la verdad al poder", hay que verse reflejado en la debilidad. Para ser eficaz en el enjuiciamiento de un caso de asesinato, hay que ser capaz de llevar al jurado a la escena del crimen, al acto final de malevolencia, y esencialmente recrear esa escena como si estuviera ocurriendo ahora. Para hacerlo bien hay que pensar en ello, darle vueltas, incluso obsesionarse con ciertos aspectos del caso y revivirlo mentalmente durante meses antes del juicio.

Como resultado, te pones a rumiar el hecho de que una persona pueda infligir tanta violencia a otra, a menudo es una víctima por la que los perpetradores decían preocuparse profundamente. Hay muy poca "esperanza" u "optimismo" en los juzgados criminales en general, y en los casos de homicidio en particular. Cuanto mejor sea uno como fiscal de delitos violentos, menos esperanza y optimismo tendrás. La gente habla de vez en cuando de "dejar el trabajo en la oficina" o de "no llevarse el trabajo a casa". Yo nunca fui bueno en eso. Nunca quise ser bueno en eso.

Procesé a un hombre por matar a una pareja de ancianos en una pequeña y tranquila comunidad de Spartanburg, no lejos de donde mis hijos iban a la escuela. El agresor irrumpió en su casa mientras la pareja dormía junta en su cama.

Detente aquí y deja que esto se asiente No te limites a leer las palabras; crea la imagen. Trata de ponerte en el lugar de esa pareja, como lo haría un fiscal. Están en el santuario de su propia casa, durmiendo en su propia cama, al lado de la persona que más quieren. Están en la época tranquila de la vida, después de haber trabajado y hecho sacrificios y criado a su familia. No han hecho absolutamente nada para provocar a nadie a hacerles algo. Han sido buenos. Han sido amables. Han sido amables hasta con la persona que está de pie sobre su cama mientras duermen, con un martillo en la mano. Lo llevaron en el auto al supermercado cuando lo necesitó. Le pagaron la compra cuando había malgastado su dinero en drogas y alcohol. Lo trataron con respeto cuando le vieron en el jardín o en la entrada de la casa. Y toda esa bondad se tradujo nada más que en que un hombre aturdido por la droga en su casa de pie sobre su cama armado con un martillo.

Una imagen en particular entre el centenar de fotografías tomadas en esa escena del crimen está grabada para siempre en mi memoria. La imagen es la del cuerpo roto y maltrecho del marido tendido en la cama con el brazo extendido hacia su esposa. Un marido que —incluso en la muerte— extiende el brazo para tocar y proteger a la persona que más ama en la vida. El amor intentaba mostrarse en medio de la carnicería.

La Biblia nos dice en 1 Corintios 13:13: "Y ahora permanecen la fe, la esperanza, el amor: estos tres. Pero el mayor de ellos es el amor".

Tal vez sea así, en algunos lugares, pero el amor acabó perdiendo la batalla contra el odio y la depravación en aquel dormitorio aquella noche.

Multiplíquese esa escena criminal por cien. Añádase el asesinato de niños. Añádase los asesinatos aleatorios e inexplicables cometidos por un extraño contra otro extraño. Homicidios gratuitos y sin sentido. Día tras día tras día. ¿Quieren ser fiscal de crímenes violentos? Así es. Y si uno quiere ser bueno en ello, tiene que sentirlo tan profundamente como pueda.

Cuando llegaban los domingos, me sentaba en la iglesia con mi esposa y nuestros hijos para oír hablar del amor de Dios, de cómo Dios lo controla todo, de cómo Dios puede utilizar todas las cosas para el bien y de cualquier otro de los lugares comunes que suelen recitar quienes no han sido víctimas de asesinato, violación o agresión sexual infantil. El mensaje que escuchaba no coincidía con las fotografías de la escena del crimen.

"Si Dios es tan poderoso como dicen que es, seguramente podría haberlo impedido. Seguramente Él podría haber encontrado otra manera de lograr cualquier propósito que necesitara que se lograra. Quiero decir, Él es Dios después de todo, ¿verdad? Puede hacer lo que quiera. Puede intervenir cuando quiera. Y, sin embargo, una y otra vez, por razones que no puedo saber, decide no hacerlo".

Cada vez era más incapaz de conciliar lo que veía y vivía en el trabajo, con la fe en la que había crecido. Pedí a Dios que me ayudara a entender mejor. Hablé con amigos cuyas opiniones valoraba. Pero no podía entender entonces —ni tampoco ahora— que se tuviera el poder de impedir actos de absoluta depravación contra inocentes y no ejerciera ese poder.

Había una cita que solía guardar bajo el cristal de mi escritorio en la oficina del Procurador del Circuito. Esta cita ha sido atribuida a diferentes personas, pero mi mejor investigación indica que fue probablemente pronunciada por un filósofo llamado Solón, y recogida por Plutarco. Le preguntaron a Solón: "¿En qué ciudad se vive mejor? Y él respondió: En la ciudad en la que aquellos que no han sido agraviados se esfuerzan por castigar al malhechor no menos que aquellos que han sido agraviados.*

Elegí una paráfrasis que decía simplemente esto: "Habrá justicia cuando los no perjudicados se sientan tan indignados como los que lo son."

Me gustó la cita porque tenía algo de espiritual, y era una espiritualidad con la que podía identificarme.

Si debemos tratar a los demás como nos gustaría que nos trataran, ¿no deberíamos sentir también lo que sienten los que han sido maltratados? ¿Puedes ponerte en el lugar de la persona agraviada? Es imposible hacerlo en casos de homicidio. No puedes saber lo que es estar muerto y pensar en ello es

---

* Plutarch, essay, in Plutarch's Lives vol. 1, trans. Bernadotte Perrin (Cambridge, Mass.: Harvard University Press, 1914), 455. Plutarco, *Vidas Paralelas*. Obra completa. Madrid: Editorial Gredos. Volumen II: Solón y Publícola.

destructivo, pero debes hacerlo si quieres ser el abogado más eficaz, el mejor fiscal para las víctimas que realmente vivieron lo que más temes.

No obstante, la decisión de dejar el trabajo como fiscal de circuito no fue fácil de tomar porque estaba haciendo realidad mi sueño de perseguir delitos que victimizan a las personas. En ese momento de mi carrera, tenía experiencia y confiaba en mi capacidad para hacer un buen trabajo. En muchos sentidos, estaba en el lugar exacto al que me había sentido llamado durante tanto tiempo. Sin embargo, vivir este sueño estaba afectando negativamente a otras áreas importantes de mi vida. El sueño estaba cobrando un precio demasiado alto.

Cuando te ocurre eso, debes empezar a considerar la posibilidad de dejar lo que estás haciendo.

Los sacrificios son inevitables; sacrificas ir a fiestas o a partidos de fútbol para sacar mejores notas; sacrificas dormir para ir al gimnasio, o tu comida favorita para obtener un mejor resultado cuando te pesas; sacrificas ver un programa que te encanta en la tele para dedicarle unas horas más de trabajo en la noche. Sacrificas a cada rato, y con razón, deseos momentáneos en pro de un mejor resultado futuro.

Pero cuando empiezas a sacrificar de seguido partes importantes de lo que eres para alcanzar una meta, y el futuro se presenta como más de lo mismo con escasas perspectivas de respiro, tal vez sea hora de dejar de hacerlo. Llegará un momento en tu vida en que los sacrificios ya no valgan lo que una vez anhelaste. Hay preguntas que puedes hacerte para determinar si ese es el momento de tu vida:

1. ¿El trabajo, la relación, la experiencia educativa o la situación en general te están quitando más de lo que te dan?

2. ¿Tu bienestar, ya sea físico, espiritual o emocional, se ve afectado negativamente por quedarte con lo que haces?

3. ¿Las personas más cercanas a ti se ven afectadas negativamente por tu decisión de quedarte con lo que haces?

4. ¿Tu sacrificio tiene altibajos o parece constante?

5. ¿Alguien importante en tu vida se ha preocupado por tu salud en relación con lo que estás haciendo?

Cuando decidimos dejar algo suele aparecer un fantasma, un fantasma que puede desempeñar un papel amistoso o no amistoso en nuestra toma de decisiones. En mi caso, tenía la espantosa sensación de que abandonaba el trabajo de mis sueños antes de terminarlo. También me atormentaba la idea de que estaba abandonando a las víctimas que ahora o en el futuro necesitarían un buen abogado. Entonces me puse a racionalizar diciéndome cosas como: "Cualquier cosa que merezca la pena requiere cierto sacrificio", o "Claro que es duro, pero al final vale la pena", o "Esto es sólo una mala racha, pero mejorará".

Y empecé a replantearme o a dudar de mi decisión de dejar el cargo.

La pregunta se convirtió entonces en: "¿Puedo conciliar la paz mental con la duda, o transitar por la penumbra que existe entre ambas?"

La paz es cierta aceptación, cierta reconciliación de que la decisión está tomada y es definitiva. La paz puede ser la lógica que se esfuerza por hacerse oír a través del encanto de lo que solía ser tu sueño o tu meta. La duda constructiva te obliga a aportar las pruebas que sustentan tu caso. Te obliga a estar realmente seguro de que es la decisión correcta. La duda destructiva sigue insinuando que estás cometiendo un error, pero nunca te ofrece una opción diferente o mejor.

Retirando sueños

Cuando uno está en la encrucijada de decidir si deja algo o no, parte de la indecisión puede deberse al hecho de que lo que hace ahora fue una vez su mayor aspiración. Así me ocurrió cuando me planteé dejar mi puesto de fiscal de circuito. Dar un paso atrás a menudo significa abandonar un sueño. Puede equivaler al fin de una era o a la muerte de un deseo que una vez te hizo sentir vivo. Puede incluso parecer una traición a uno mismo, un alejamiento de algo a lo que antes le daba gran valor.

En ese momento de decisión, debes asegurarte de que eres el guardián de tus sueños y no al revés. Los objetivos y aspiraciones deben ser liberadores, no debilitantes. Tus sueños no deben estar llenos de miedo y angustia. Deben hacerte mejor, no más cínico.

Una de dos cosas ocurre con nuestros sueños cuando tomamos decisiones saludables: evolucionan con nosotros o los retiramos para mejorar. Si permites que se conviertan en cadenas, sufrirás bajo su peso.

Los sueños cambian y se transforman a medida que avanzamos por las estaciones de la vida. Te animo a que no los mantengas en pedestales, inmaculados y pulidos. Forman parte de ti; no los creas divinos e intocables. Otras partes de ti cambian, ¿por qué no tus sueños también? Bájalos, examínalos, desármalos, mira sus piezas, quizás incluso mejóralos. Tú eres el autor de esos sueños; tú creas su arco argumental. Escribe, edita, reescribe; sigue retocando. Lo que pensabas que era tu sueño de convertirte en enfermera resultó ser el deseo de ayudar a la gente necesitada y se manifestó convirtiéndote en terapeuta. El sueño que empezó como un deseo de jugar al golf en el circuito de la liga profesional femenina, la LPGA, era, en el fondo, un amor por el golf y evolucionó hasta convertirse en entrenadora voluntaria del equipo de golf de una secundaria. Lo que empezó como el sueño de ser médico se topó con la química orgánica y el cálculo, y acabó manifestándose en convertirse en paramédico a tiempo parcial salvando vidas. Está bien que tus sueños crezcan y evolucionen a medida que tú lo haces.

Mi sueño de perseguir delitos que victimizan a las personas fue uno de los que, a regañadientes, pero con razón, tuve que considerar retirar. El objetivo mucho más amplio que había detrás —el amor por la equidad y el deseo de un resultado justo— podía permanecer y evolucionar conmigo, pero se manifestaría de otra forma en mi futuro. Las batallas con los abogados defensores habían terminado. Ya no encajaría las piezas de un rompecabezas utilizando pruebas y persuasión. Ya no volvería a sentir el reto y la emoción de apoderar a una víctima para hacerse escuchar. Todo eso terminaría, pero también parte de la oscuridad que había nublado mi alma.

Dejar ir un sueño puede ser insoportable. Puede parecer un fracaso. Pero dejar un viejo sueño no es un fracaso; es un movimiento hacia adelante, un progreso envuelto en recuerdos. Y al retirar ciertos sueños con orgullo y nostalgia, podemos concentrar más energía y tiempo en las nuevas metas que traerán esperanza a nuestras vidas.

Cuando retiramos un sueño, es bueno y saludable reflexionar sobre las formas en que lo logramos, y cómo nos sirvió cumplirlo durante una temporada. No se trata de razones para quedarse, sino de cosas buenas que recordar. Quédate con lo bueno y reconoce lo no tan bueno cuando te des cuenta de que ese sueño en particular ha caducado.

Plazo de prescripción

El Día de la Madre de 2009, después de la iglesia y durante el almuerzo de celebración, las dos personas que consiguen que haga cosas que nadie más consigue que haga, conspiraron contra mí. Terri y mi madre llegaron cada una por su lado a la conclusión de que había llegado el momento de que me dedicara a otra cosa para vivir. Sentado a la mesa en el restaurante de un club campestre, sabía que había un campo de golf justo detrás de la ventana, pero tenía la mirada perdida. Mi madre y Terri sugirieron que era hora de pasar a otra cosa. El precio que estaba pagando por estar en el sistema de justicia criminal era demasiado alto.

Más tarde, cuando trabajaba en el Congreso, tuve amigos cuyos cónyuges eran esencialmente jefes de personal *Loción latina cruda*. Pero Terri nunca entró en esas decisiones sin ser invitada. Confiaba en que lo pensaría detenidamente y llegaría a una decisión defendible, especialmente en lo relativo al trabajo. Por el amor de Dios, ¡si me dejó conducir hasta el aeropuerto de Atlanta para entrevistarme para un trabajo en Colorado poco después de casarnos! No es una entrometida.

Pero esta vez era diferente. Ella pensaba que era hora de que dejara la corte. El trabajo no había afectado tan solo a su marido, sino también a nuestros hijos. Nuestra hija de ocho años arrastraba la almohada hasta nuestra habitación por la noche y se acostaba en el piso, porque me había oído por casualidad conversar por teléfono con un colega acerca de una "mala persona". Terri era muy estricta respecto a que los niños durmieran en su propia habitación, pero incluso ella acabó cediendo. Nuestro hijo es mayor que nuestra hija, pero incluso él solo tenía ocho años cuando me nombraron procurador del circuito en 2001. Tenía dos años cuando me incorporé a la Fiscalía en 1994. Lo único que conocía era tener un padre fiscal. De 1994 a 2000, cuando aún estaba en la Fiscalía de los Estados Unidos, me acompañaba a la oficina los domingos por la tarde. Teníamos un trato. Me acompañaba a mi oficina en Greenville y yo me detendría en la ventana de un autorrestaurante de hamburguesas llamado Checkers para que él se comiera sus adoradas patatas fritas. Pasan los años, los niños se hacen mayores y no cabe duda de que yo proyectaba las peores cualidades de las personas procesadas en la sociedad en general, lo cual sin duda influyó en lo que estaba o no estaba dispuesto a dejarle hacer en su juventud.

Sabía que Terri tenía razón; era hora de hacer algo diferente.

Ser fiscal había formado parte de mi identidad durante mucho tiempo. Había sido mi sueño desde que, de alguna manera, aprobé el examen jurídico estatal y trabajé para aquel juez federal en Anderson. Encontré un gran sentido y valor en mi papel como fiscal estatal y federal, así que dejarlo sería algo más que cambiar de trabajo. Sería asumir una identidad profesional totalmente distinta. Aquel almuerzo del Día de la Madre me ayudó a darme cuenta de lo que había evitado ver durante demasiado tiempo: el trabajo estaba poniendo en peligro otras prioridades y exigiendo un precio demasiado alto para los que más me importaban.

Aunque mi esposa y mi madre me ayudaron mucho diciéndome cuándo dejarlo, no me dieron muchos consejos sobre qué hacer después. Así que ahora tenía que decidir cómo salir con elegancia y cuál sería el siguiente capítulo de mi vida. Se trata de cuestiones distintas, pero inextricablemente unidas: si dejarlo, cuándo dejarlo, cómo dejarlo y qué hacer después.

El primer reto era cómo dejar el trabajo para el que me habían elegido antes de que terminara mi mandato. Una cosa es tener esa conversación con tu madre y tu esposa; otra muy distinta es tenerla con toda una comunidad. Explicar la realidad en la que me encontraba no era una opción viable, ni desde el punto de vista práctico ni desde ningún otro. La pura verdad era que el trabajo había afectado significativa y negativamente mi fe. Es algo demasiado egoísta para compartirlo con los demás. El viaje espiritual o la fe de mis electores no es asunto mío, y mi propio cinismo no debería afectarles. Hay un versículo en la Biblia que dice: Ocupaos en vuestra salvación con temor y temblor (Filipenses 2:12 RVR). No dice nada de dar una conferencia de prensa y sermonear a los demás sobre cómo reconciliar la omnipotencia de Dios con niños muertos.

Además, muchos hombres y mujeres pueden desenvolverse en su trabajo sin que ello afecte a sus otras creencias. Pienso en oncólogos pediátricos, policías y fiscales que han visto las mismas cosas que yo, quizá incluso peores, pero llegaron a una conclusión diferente sobre quedarse o dejarlo. Pienso en profesores de educación especial que quizá preguntan constantemente a Dios por qué. No puedo hablar de lo que les pasa a los demás, como tampoco ellos podrían entender el impacto que mi trabajo tuvo en mí. Y tratar de explicarlo, en mi ciudad natal, rodeado de gente que realmente cree que "todas las cosas son para el bien", no parecía una opción viable para mí, alguien que ya no creía realmente que eso fuera cierto.

Hasta donde lo veía solo tenía dos opciones: aguantar otros dos años más o encontrar una salida honorable, un paracaídas que todos entendieran. Y así, tras mucho debatir y buscar alternativas mejores, decidí postularme al Congreso.

Mi principal razón para postularme al Congreso no fue el deseo de legislar o la pasión por arreglar el código tributario. Fue mi convicción de que una candidatura al Congreso, con éxito o sin él, sería una salida honorable de un trabajo difícil que ya no me sentía capaz de hacer. En segundo lugar, imaginé que los temas de la equidad y la justicia podrían también hacerse presentes en otro sector del gobierno.

En junio de 2009 anuncié que me presentaría a las elecciones al Congreso y, si tenía éxito, dejaría la Oficina del Procurador del Circuito. Aunque me entusiasmaban los retos de otra campaña y las oportunidades de aprender y participar en el poder legislativo, me alegraba sobre todo tener una buena razón para dejar mi cargo. Aun ahora, cuando pienso en esa decisión de dejar la fiscalía, sé que fue la decisión correcta, pero aun así fue una de las más difíciles de mi vida.

Lo que vino después resultó ser un largo año de campaña, combinado con la voz de la duda cuestionando esa decisión de dejar la fiscalía. Durante el año de mi postulación al Congreso, mi área de Carolina del Sur fue devastada por múltiples asesinatos. ¿Realmente me estaba yendo en el momento adecuado?

El 27 de junio de 2009, menos de cuatro semanas después de que me plantara en el jardín de mi casa, y anunciara mi candidatura al Congreso, un granjero de melocotones del vecino condado de Cherokee, que forma parte de mi distrito de fiscal, fue muerto a tiros en su casa.

Cuatro días después, el 1 de julio de 2009, una madre de ochenta y tres años y su hija de cincuenta fueron atadas y muertas en el mismo condado de Cherokee. La hija estaba en la ciudad visitando a su madre. Así sin más, una hija viene a visitar a su madre y ambas son asesinadas.

El 2 de julio de 2009, un padre llevó a su hija de quince años a trabajar con él en una tienda local. En ese momento, estaba claro que algo terrible estaba ocurriendo en el condado de Cherokee: un asesino andaba suelto matando indiscriminadamente a la gente en sus casas. Por eso este padre se aseguró de que su hija no se quedara sola en casa. La mano del destino quiso que el asesino en serie entrara a esa tienda familiar, matara al padre y disparara a la niña de quince años, quien murió a causa de las heridas dos días después.

El 6 de julio de 2009, la policía se topó, al otro lado de la frontera de Carolina del Norte, con un hombre del que sospechaban era el asesino en serie. Se produjo un tiroteo y la policía mató al homicida. No habría juicio, ni abogados defensores tratando de crear dudas en la mente del jurado, pero tampoco habría oportunidad para que las familias de los afectados supieran lo único que todas las familias quieren saber, que es: ¿Por qué? ¿Por qué mi marido? ¿Por qué mi esposa? ¿Por qué mi hijo?

Al día siguiente, el 7 de julio de 2009, en el condado de Spartanburg, un hombre golpeó y sacudió hasta la muerte a una niña de diez años. Era el novio de la madre, bombero voluntario y paramédico. En otra ocasión había roto el brazo de la niña, pero esta vez le quitó la vida.

El 8 de julio de 2009, en el condado de Spartanburg, un hombre le hizo una llave en el cuello a una niña de ocho años que estaba yendo a nadar a la piscina del vecindario, le puso una pistola en la cabeza y la mató de un disparo. Le disparó cuatro veces en presencia de otros niños. La niña era hija de un hombre con el que salía su esposa de la que estaba separado. Un hombre disparó y mató a una niña para "vengarse" de un hombre que salía con su exmujer.

En doce días, siete personas fueron asesinadas, entre ellas tres niños. Doce días. Siete personas perdieron lo único que realmente importa en última instancia. Una estela de agonía, dolor y miseria para quienes amaban a las víctimas dejó un residuo de dolor que nunca se aplacará.

Para alguien que luchaba por conciliar lo que oía las mañanas del domingo con lo que veía todos los demás días de la semana, era demasiado. Era demasiado tarde. Si dejaba el cargo para preservar alguna semblanza de entendimiento sobre cómo todo esto se compagina en los reinos físico y espiritual, era demasiado tarde.

El último caso que llevé fue en noviembre de 2010. Había ganado las elecciones al Congreso, pero aún no me había juramentado, de modo que seguía siendo fiscal de circuito. Decidí asumir la acusación del hombre que mató a Meah Weidner, aquella niña de diez años a la que el novio de su madre golpeó y sacudió hasta matarla. Parecía el ejemplo perfecto de por qué la fiscalía fue mi sueño inicial y por qué también era necesario dejar atrás ese sueño. El novio fue condenado. Se consideraría una "victoria" para los fiscales y policías, supongo, si es que cabe siquiera usar esa expresión en un juicio por homicidio. Pero una niña de diez años seguía muerta. Asesinada por un hombre que decía amar a su madre. La familia entregada a un duelo. De modo que no hay victorias. Sólo queda padecer.

Tim Scott me dice de vez en cuando que estoy "maldito por una memoria demasiado buena". Lo dice como un cumplido. Sabe que tener buena memoria es útil en la mayoría de las facetas de la vida, pero puede venir a un costo muy alto.

Ahora que hace más de una década que me alejé de cualquier corte, mi querida ciudad natal de Spartanburg es un collage de recuerdos de escenas del crimen. Me encanta esta ciudad y no la voy a dejar, pero hay por todas partes recuerdos de viejos casos. Saliendo de la ciudad hacia Columbia, Carolina del Sur (donde nuestra hija estudió en la universidad y en la escuela de leyes), paso por dos escenarios de asesinatos, en uno de los cuales una madre descargaba la compra de su automóvil cuando fue secuestrada, robada, agredida sexualmente y asesinada hace veinte años. Pero sigo mirando la casa a la derecha de la interestatal, a través de un estrecho bosque de pinos, cada vez que paso por allí. En la tienda de comestibles donde hago la compra los sábados es donde suelo encontrarme con su madre; una madre y abuela todavía afligida, tratando de criar al hijo de una hija muerta.

Cuando voy hacia Greenville, paso por varias escenas del crimen, incluida una de un homicidio múltiple aún sin resolver en una agencia de banco cercana a la interestatal. Enseguida veo la imagen de tres personas muertas, sentadas en las sillas de una pequeña sala, cuyas horas de almuerzo se transformaron de simplemente cobrar un cheque, a ser muertas de un disparo estilo ejecución. Ha pasado más de una década, pero sigo mirando.

Aún hace poco, yendo hacia las montañas de Carolina del Norte a jugar golf con mi hijo, me encontré en una zona rural y hermosa del norte del condado de Spartanburg. En vez de admirar los bosques frondosos y dar una mirada a las montañas que se alzan en el horizonte, estaba buscando la pequeña calle lateral donde un marido le había cortado la cabeza a su esposa con una espada porque ella estaba a punto de dejarle. Pensaba en el juicio y el sinsentido que había sido todo aquello. Ella está muerta. Él cumple cadena perpetua sin libertad condicional. Donde se mire, hay dolor, pena y muerte. Muchos pueden seguir adelante y apartar esas imágenes de sus mentes, pero aquellos "malditos con una buena memoria" no pueden.

Irónicamente, cuando me encuentro, como me suele suceder, con víctimas de delitos, familiares de víctimas asesinadas e incluso con policías viejos y canosos, puedo ver que lo que más les sostiene es su fe. Es su fe la que les hizo atravesar su propio valle de sombra de muerte. Las mismas imágenes que me hacen dudar, les hacen renovar su fe.

Acabé por no ser capaz de huir de lo que intentaba dejar. De hecho, ya había perdido lo que intentaba preservar. Había dejado la Fiscalía General para postularme al cargo de procurador de circuito porque quería procesar los crímenes contra las personas, los delitos que sacuden la conciencia de una comunidad. Quería buscar justicia para quienes lo habían perdido todo, para los que ya no podían defenderse. Y lo hice. Hice lo que siempre quise hacer. Pero tuve que pagar un precio muy alto. El trabajo me quitó la tranquilidad, sacudió mi fe, me robó el optimismo.

Tras decisiones que te quitan demasiado, es sensato buscar una salida, preferiblemente honorable. Proteger tu bienestar, tu familia u otras partes importantes de tu vida y tu ser, nunca es una motivación equivocada. Pero hay una advertencia de más importancia: ten cuidado con lo que deseas; puede que lo consigas.

11

Evaluar el entorno

El entorno nos moldea. Cuando uno se propone dejar algo, es importante evaluar el entorno en el que se encuentra, y decidir si lo ayudará a crecer o lo desviará del camino. Cuando dejamos un entorno que no nos sirve o no refleja nuestros valores, damos un paso adelante hacia convertirnos en lo que queremos ser.

Temporada electoral

Cuando pensé postularme al Congreso por primera vez, el principal inconveniente no era ir a Washington cada semana, aunque más tarde llegué a aborrecer los aeropuertos, los asientos centrales en los aviones y dormir en un sofá cama. No era aprender sobre salubridad, política exterior o códigos impositivos; aprender es divertido, sobre todo cuando se trata de áreas en las que no tienes experiencia ni conocimientos previos. El principal inconveniente era que un miembro republicano ya representaba a mi distrito y no quería volver a enfrentarme a un titular, desde luego no a uno que conociera.

En mayo de 2009, cuando aún intentaba decidir cuál sería mi siguiente paso profesional, alguien me envió un artículo en el que se enumeraban los 435 miembros del Congreso, y se les clasificaba en función de alguna medida de "eficacia". Hay que reconocer que es difícil medir la "eficacia" en relación con los miembros del Congreso, pero una publicación al menos lo intentó y nuestro congresista ocupaba el quinto puesto por la cola. Aunque no estoy seguro de estar de acuerdo con las métricas, ocupar el quinto puesto de atrás para adelante, independientemente de la métrica, no es lo ideal, ni de buen augurio para el área que pretendes representar.

Los medios de comunicación, y quizá el público, juzgan el "éxito" de un miembro del Congreso en función del número de proyectos de ley que ha patrocinado, aprobado y convertido en ley. Esta es una forma terrible de juzgar el éxito por innumerables razones. ¿Qué pasa si todo el tiempo que ha estado en el Congreso lo ha pasado en minoría? Nunca conseguirá que un proyecto de ley se convierta en ley, pero eso no puede significar que cada miembro del Congreso que sirve en la minoría sea "ineficaz". Además, se supone que el conservadurismo, al menos en parte, consiste en limitar el gobierno a nivel federal. Entonces, ¿cómo puede ser bueno que se firmen proyectos de ley cuando uno de los principios de su ortodoxia política es que haya menos leyes federales? Cuando recuerdo mis ocho años en el Congreso, y reflexiono sobre lo que fue más "eficaz" o "consecuente", fue un programa en las escuelas locales que casi nadie conocía. No fueron proyectos de ley firmados, ni audiencias en comités, ni apariciones en los medios de comunicación. Se trataba de reconocer a jóvenes que habían superado tragedias y obstáculos y, aun así, habían conseguido triunfar. Ahora lo sé. Pero entonces yo no sabía lo que significaba ser un miembro "eficaz" del Congreso.

Fui a un almuerzo en Spartanburg donde habló nuestro actual congresista. En su discurso quedó claro que estaba centrado en temas que no interesaban al resto del distrito. Recuerdo que caminando hacia mi camioneta después de ese almuerzo de 2009 pensé: "El año que viene será un año difícil para los titulares. Bob [Inglis] tendrá que mejorar su discurso o se encontrará con un montón de adversarios". Y vaya si se los ha buscado.

La salud dominaba el debate nacional. El presidente Obama llevaba menos de un año en el cargo y el Tea Party había surgido en algunos estados como reacción al presidente y a su agenda legislativa. El Tea Party surgía para oponerse no sólo al presidente demócrata en funciones, sino también a los republicanos considerados insuficientemente conservadores, signifique eso lo que signifique y se defina como se defina. Intentaban sacudir el *statu quo*. Era un buen momento para ser un aspirante y un mal momento para ser el titular. Una mujer que participaba activamente en el movimiento del Tea Party del condado de Spartanburg anunció su candidatura al Congreso en las primarias republicanas de 2010. Un hombre estrechamente relacionado con el movimiento del Tea Party del condado de Greenville anunció que también se presentaba. Un senador estatal republicano anunció que él —el tercero—, también se presentaba. Alguien, pensé, va a vencer a Bob Inglis en las primarias republicanas para el Congreso en 2010. La cuestión era quién sería ese alguien.

Así que me planté en el jardín de mi casa en junio de 2009 con Terri y nuestros dos hijos y anuncié lo que pensé que sería la salida honorable del juzgado que estaba buscando: el Congreso.

No era ni mucho menos el único aspirante que podía vencer a Bob Inglis en las primarias, pero sí fui el candidato de quien más se dedicó a hablar. En varios actos electorales, se burló de mi decisión de dejar el juzgado. En un acto al que asistió mi esposa, el congresista Inglis le dio la espalda a la audiencia y se dedicó a dirigirme su ira. En un acto en una iglesia cerca de Traveler's Rest, Carolina del Sur, Bob hizo las dos peores acusaciones que se pueden hacer contra mí: dijo que yo estaba sentado allí con mi "traje elegante" y mi "corte de pelo de veinticinco dólares". ¡Espere un momento, señor! ¡Deje mi pelo fuera de esto! ¡Eso es una campaña sucia!

Me gustaba Bob Inglis como persona, pero iba a perder esa elección al Congreso. Carolina del Sur es un estado de segunda vuelta, y después del primer día de primarias a principios de junio de 2010, sólo quedábamos Bob y yo y una campaña de solo dos semanas hasta la segunda vuelta. Dos semanas después, Bob perdió la segunda vuelta por casi 70% contra 30%. No estuvo reñido. Nunca iba a estar reñido.

Soplaban vientos de cambio a través de la nación y de nuestro distrito.

Durante la campaña al Congreso hubo momentos en los que me pregunté si había tomado la decisión correcta. Algunos lo llaman arrepentimiento, otros, dudas. Entendía perfectamente lo que dejaba, pero no tenía una idea clara de lo que pretendía o intentaba empezar.

El territorio

En la sesión de orientación del Congreso, la promoción de nuevos congresistas elegida en noviembre de 2010, históricamente numerosa, escuchó a los líderes y se conoció entre sí. Había algunos miembros muy destacados de esa promoción, como Kristi Noem, Sean Duffy y Jon Runyan. Pero el miembro más conocido del grupo de nuevos congresistas de 2010 era otro representante de Carolina del Sur llamado Tim Scott. Yo había oído hablar de Tim —todos habíamos oído hablar de él—, pero no lo conocía personalmente.

Recuerdo que durante la sesión de orientación no hablé nada, y escuché un montón. Sinceramente, me creía la persona menos calificada del grupo de nuevos congresistas. No es modestia; es una valoración bastante objetiva del grupo. Durante la campaña, Bob Inglis comentó que mi condición novicia y mi falta de experiencia me harían difícil encontrar los baños de las oficinas de la Cámara. Y tenía razón: tardé más de lo que me gustaría admitir.

Dado que la Cámara de Representantes está tan centrada en los comités, y que la mayor parte del tiempo se dedica al trabajo en esos comités y no a cualquier otra parte del trabajo, elegir los comités adecuados es fundamental. La mayoría de los congresistas están en dos comités, algunos en tres y sólo los más desafortunados son elegidos para cuatro.

Puedes tener las mejores ideas del mundo, pero si no estás en los comités adecuados, esas ideas no irán a ninguna parte. Algunos comités son muy codiciados porque el trabajo es fundamental, pero también porque la recaudación de fondos es buena en esos comités. Antes de que nadie se ponga demasiado cínico sobre el papel que desempeña la recaudación de fondos en la política, seamos francos: el dinero es la savia de una campaña. Lo necesitas para presentarte a los votantes, lo necesitas para expresar tus posiciones sobre los temas, y lo necesitas para defenderte de los adversarios que intentan definirte. Por algo suelen ganar los candidatos con más dinero. Una semana entera de anuncios de televisión en mi distrito cuesta unos 60 mil dólares. ¡Para una semana! Y necesitas estar en televisión durante meses para que tus anuncios sean efectivos. Podría seguir, pero ya me entienden. La recaudación de fondos, por desagradable que sea, importa.

Así que la decisión más importante que hay que tomar al principio es en qué comisiones participar. Y luego tienes que ser elegido para esos comités. ¿Quién decide qué miembros forman parte de qué comités? Ambos partidos tienen comités de dirección, formados por miembros elegidos dentro del grupo mayoritario, que en coordinación con la dirección (presidente, líder de la mayoría o de la minoría, y los *whips* o líderes asistentes) forman las comisiones. Si quieres que te asignen un buen comité, debes ayudar al equipo más grande (pagar tus cuotas), tener alguna razón para esa asignación (tu experiencia, tu distrito, tus áreas de especialización), y tener alguna relación con los líderes u otros miembros del comité directivo.

Yo quería formar parte de dos comisiones: la Judicial y la de Supervisión y Reforma. Estos comités tienen un componente de investigación, por lo que sería útil tener conocimientos jurídicos. Pero ninguno de los dos es un buen comité para recaudar fondos, y ninguno de los dos era considerado un comité "A" por otros miembros del Congreso. El Comité de Servicios Financieros, por otro lado, era un gran comité de recaudación de fondos y se consideraba un comité "A sobresaliente", o al menos un "B alto". Los Servicios Financieros no eran mi especialidad ni mi área de interés. Así que inmediatamente tuve que elegir: ¿elegía el comité con el trabajo que quería hacer, o elegía el comité con más probabilidades de ayudarme a ser reelegido? Opté por el trabajo que más me gustaba, en lugar del comité que tenía más posibilidades de recaudar fondos.

Las tres comisiones que me asignaron fueron la Judicial, Supervisión y Reforma y Educación y Mano de Obra. Dos de esos comités (Supervisión y Reforma Gubernamental y Educación y Mano de Obra) no eran muy codiciados. Servir en los comités, recaudar fondos y reunirme con los electores, fue a lo que dediqué la mayor parte de mi tiempo en el Congreso, pero sería negligente no hablar también de la parte no laboral, que sin duda constituye el entorno del trabajo.

Vida extralaboral

Para entender el funcionamiento del Congreso aparte de las votaciones y los comités, hay que saber cómo funciona el calendario. El calendario de la Cámara se publica con mucha antelación. En noviembre de 2010 se sabe cuál será el calendario para todo el año 2011. Sabes cuándo se reúne el Congreso, cuándo son las primeras votaciones de cada semana, y cuándo estarás en tu distrito en lo que los medios llaman «vacaciones», pero los diputados conocen como "semanas de trabajo en el distrito".

La mayoría de los meses tenía que pasar entre nueve y doce noches en Washington. Una de mis primeras tareas fue decidir dónde iba a vivir, dormir y ducharme entre nueve y doce noches al mes en uno de los mercados inmobiliarios más caros del mundo. Después de buscar brevemente vivienda propia, no podía justificar gastar mucho dinero en alquilar un apartamento que utilizaría, como mucho, la mitad de las noches del mes. Así que acabé haciendo lo mismo que muchos otros miembros: dormir en mi despacho.

Después de pasar varios meses buscando un pequeño apartamento o una habitación dentro de una casa, cambié mis esfuerzos por buscar algo para dormir en mi despacho y una ducha en los edificios de oficinas de la Cámara que no pareciera la cárcel de la película *The Shawshank Redemption*. Probé con un sofá. Era terrible. Probé con un colchón de aire. Era como dormir en una balsa en el océano Pacífico durante un tsunami. Además, podía oír, ver y en ocasiones oler ratones en el edificio. Al que veía cada noche de mi primer año en el Congreso lo llamé Leónidas. Acabé comprando un sofá cama. Me trajo recuerdos de las vacaciones en la playa cuando era niño, pues mis padres me relegaban a dormir en el sofá cama de cualquier casa de playa que alquiláramos.

A pesar de lo inquietantes que eran los ratones, resulta que no eran lo único que me quitaba el sueño. El mayor viento en contra al que me enfrenté en Washington fueron los medios de comunicación de Washington D.C., que suelen darse palmaditas en la espalda por "decir la verdad al poder", afirmar que "la democracia muere en la oscuridad" y publicar "todas las noticias que se pueden imprimir", pero nunca llegan a ser justos y ni siquiera a fingir serlo.

La gente todavía me pregunta: ¿Cómo trabajó con (rellene el espacio en blanco)?", siendo el espacio en blanco el legislador demócrata que más les disgustaba. Los legisladores demócratas nunca han pretendido ser justos. Como los abogados defensores en los juicios criminales, creían que tenían un trabajo que hacer. Y como ganar es lo único que importa en política, uno prácticamente anticipaba el relativismo de los miembros y en consecuencia no le sorprendía. Esa es la naturaleza de la política. Hacer lo que sea necesario para ganar. Mis expectativas no eran altas y, por tanto, rara vez me defraudaron mis colegas demócratas y lo que hacían o decían.

A decir verdad, había miembros demócratas de la Cámara mucho más justos que los medios de comunicación, que afirmaban ser libres, audaces, imparciales y cualquier otro cliché para halagarse a sí mismos que los medios impresos de D.C. utilizaban.

Los medios darían para un libro más largo, pero aquí me centraré en los aspectos más destacados, porque creo que contribuyen más a la atmósfera negativa del Capitolio que los miembros a los que acusan de hiperpartidismo. Los medios de comunicación pretenden ser el juez de la sociedad, el guardián neutral, imparcial y desapasionado de la verdad. Se limitan a señalar las bolas y los *strikes*, según su criterio. Al menos eso dicen. Pero no es lo que hacen.

He tenido algunos jueces buenos en la corte y un par de jueces no tan buenos. Algunos jueces conocen las reglas de la evidencia mejor que otros, algunos jueces tienen tanto miedo de ser revocados en apelación que se paralizan a la hora de tomar decisiones, algunos jueces se inclinan por la acusación y otros por la defensa. Pero nunca he tenido un juez que me resultara abiertamente parcial e injusto. No hasta que quedé expuesto a la prensa de Washington. Podía contar con los dedos de una mano los periodistas que eran justos y hacían un esfuerzo de ecuanimidad. Ese era el viento en contra en Washington: no la oposición demócrata, sino la oposición de los medios, que se disfrazaba de imparcialidad y se quejaba cuando les llamaban la atención.

Sobreviví a la primera legislatura, con balsas flotando en el Pacífico, ratones y todo. Pero a los medios les gusta imprimir un cuento y luego ir en busca de los hechos que apoyen ese cuento. El análisis de los medios no fue más complicado que esto: "Bueno, es de Carolina del Sur, un republicano que venció a otro republicano en las primarias. Por lo tanto, debe ser un tipo del Tea Party que se viste como Samuel Adams los fines de semana".

Pedí la cuenta del número de veces que los medios de comunicación de Washington se refirieron a mí como un congresista del Tea Party, o dijeron que el Tea Party me había llevado a la victoria.

La realidad, como de costumbre, era diferente de la narrativa de los medios de comunicación. No recuerdo ni a un solo grupo del Tea Party que me apoyara ni en las primarias ni en las elecciones generales de 2010. Sí, es correcto: ni siquiera en las elecciones generales recibí el apoyo de las llamadas organizaciones del Tea Party. La verdad tal y como la viví era una cosa. La narrativa que los perezosos medios impresos de Washington querían escribir, era otra: "Aquí tenemos a otro miembro del Tea Party en el Congreso que anda con su copia de bolsillo de la Constitución, habla del patrón oro y golpea a los republicanos razonables"; entendiendo por "republicanos razonables" a los que pierden, los que mueren o los que votan con los demócratas.

No me importa que la gente sea miembro del Tea Party o no. Muchos de mis amigos lo eran. Pero yo no. Y aun cuando se les recordaba esa verdad, los medios de Washington siguieron escribiendo la narrativa como querían que fuera y no como era, una tendencia que se mantuvo incesante durante todos los ocho años. Uno de los retos de la vida es saber cuándo vale la pena pelear por algo, y cuándo no. No todos los desaires exigen respuesta. No todos los insultos requieren que te defiendas. No toda inexactitud factual requiere un comunicado de prensa para "aclarar las cosas". Pero cuando los desaires, los insultos o las inexactitudes empiezan a influir en la historia general o incluso empiezan a desafiar o poner en peligro el argumento final que quieres tener a favor de tu vida, debes rechazarla. Debes hacerlo llanamente, aunque seas tú el beneficiario de una inexactitud. Tu historia, tu experiencia, tu vida deben ser sólo eso: tuyas. Esa historia debe ser justa, precisa y proporcional. Cuando otros, por pereza, negligencia o malicia, deciden describirte de forma inexacta para sus propios fines, debes pensar seriamente en defender no sólo a tu persona, sino a la verdad objetiva.

La familiaridad engendra algo

Mi segundo mandato fue más fácil porque había rutina y familiaridad. El presidente John Boehner me pidió que prestara servicio en el Comité de Ética de la Cámara. A decir verdad, no me lo pidió. Me informó que yo prestaba servicio en el Comité de Ética de la Cámara, probablemente el comité menos codiciado porque no generaba legislación, no llamaba la atención, y era un comité de recaudación de fondos netamente negativo. Sin embargo, me encantaba. Era lo más parecido a mi antiguo trabajo que podía haber en el

Congreso. Había investigaciones reales, envueltas en confidencialidad y algo extraordinario ocurría cuando entrábamos en la sala de conferencias de Ética y empezábamos a trabajar. Caían las etiquetas partidistas. La comisión estaba dividida en partes iguales entre republicanos y demócratas, así que teníamos que trabajar como una unidad y casi todas las votaciones eran unánimes. El Comité de Ética de la Cámara no investigaba acusaciones de criminalidad, sino de violación de las normas de la Cámara. Las reputaciones estaban en juego. Había cargos en juego. Hubo destellos de justicia detrás de esas puertas cerradas.

Durante mi segundo mandato, una nueva investigación apareció en el horizonte. El 11 de septiembre de 2012 cuatro estadounidenses, entre ellos nuestro embajador, fueron asesinados en Bengasi (Libia). El Departamento de Estado puso en marcha su propia investigación interna llamada: Junta de Revisión y Rendición de Cuentas, y los comités del Congreso de la Cámara y del Senado también empezaron a investigar la presencia estadounidense en Libia, el perfil de seguridad antes del ataque, la respuesta de la Administración durante el ataque y la gestión de las secuelas por parte de la Administración.

Como recordarán, los atentados de Bengasi se produjeron en septiembre de 2012, menos de dos meses antes de las elecciones presidenciales de 2012 entre el presidente Obama y el candidato republicano Mitt Romney. Cuando el presidente Boehner me llamó para preguntarme si aceptaba formar parte del comité selecto para la investigación, nunca mencionó el nombre de la Secretaria de Estado Clinton ni las inminentes elecciones. Citó su creencia de que la Administración Obama no se mostraba receptiva a las peticiones de información del Congreso. En particular, al presidente Boehner le disgustó mucho que la Administración hubiera ocultado el llamado memorando Ben Rhodes. Se trataba de un memorando redactado por Ben Rhodes, funcionario de la Casa Blanca, enseguida después de los atentados de Bengasi, en el que se formulaba la respuesta de la Administración en términos decididamente políticos. Este memorando abogaba por culpar a un video antimusulmán de los ataques de Bengasi, a pesar de la escasez de pruebas que apoyaran esa teoría.

Eso era todo. Esas fueron las razones que Boehner me dio: la no entrega de un memorando que Boehner consideraba importante y una disputa entre dos presidentes del GOP, el partido republicano, sobre cómo manejar el papel que los militares desempeñaron o dejaron de desempeñar en los acontecimientos que se desarrollaron en Libia. Eso fue en 2014. Yo llevaba tres años en el Congreso, y era quizá el miembro menos conocido de mi histórica promoción de nuevos diputados. Pero no iba a seguir siendo desconocido durante mucho tiempo.

Bengasi en esencia, al menos para mí, fue una investigación de homicidio. Cuatro personas fueron asesinadas. ¿Por qué? ¿Cómo? ¿Por quién? ¿Qué precedió al ataque terrorista? ¿Qué podía haberse hecho durante el ataque para limitar las pérdidas? ¿Dónde estaban las fuerzas militares más grandes y poderosas del mundo durante esas trece horas? ¿Influyó la política en la forma en que se debatieron y explicaron después los atentados? Todas ellas eran preguntas importantes, que lamentablemente palidecen en comparación con la pregunta que estaba en la mente de la mayoría de los demás, incluidos los medios de comunicación: ¿Cómo se relacionaba todo esto con la Secretaria de Estado Hillary Clinton?

Esa investigación, que duró dos años, me mostró lo diferentes que son las investigaciones del Congreso de las investigaciones criminales que yo había hecho en Carolina del Sur. Había pocas herramientas para acceder a la información necesaria. Los testigos eran difíciles de encontrar y aún más difícil hacerlos cooperar. En lo que se refería a la investigación, la mayoría de la gente de Washington se dividía en tres grupos: (1) Protejamos a la secretaria Clinton. (2) Afectemos negativamente a la secretaria Clinton. (3) Averigüemos qué ocurrió realmente en Bengasi y dejemos que las fichas caigan donde caigan. Ese tercer grupo, desafortunadamente, no era muy numeroso.

Las semillas de mi decisión final de dejar el Congreso se plantaron, regaron, fertilizaron y recibieron hormonas de crecimiento durante esa investigación. Comenzó como una "investigación" que, en teoría, iba a reflejar fielmente el trabajo que yo había realizado antes. Y, sin embargo, no hay nada parecido entre las investigaciones del Congreso y las de los fiscales que trabajan para el poder ejecutivo. Hubo filtraciones y rumores. Había oposición diaria. Nuestro acceso a documentos y testigos era deficiente. Había grupos que querían recaudar dinero a ambos lados de la investigación. Y los medios de comunicación se quejaban de que se investigara a un candidato presidencial demócrata mientras, al mismo tiempo, hacían que la investigación girara en torno a un candidato presidencial demócrata. Y eso era aún antes de que su arreglo de correo electrónico se hiciera público.

Descubrí tres cosas durante esa investigación. En primer lugar, aprendí que las cosas que la mayoría de los miembros del Congreso anhelan no son, en realidad, satisfactorias. Presidencias. Atención mediática. Notoriedad. Recaudación de fondos. Todo eso estaba presente y todo desilusionaba. En segundo lugar, el trabajo del Congreso siempre se ve afectado por la política. En política no se busca la verdad. Se buscan los hechos que ayudan electoralmente, y un deseo de mitigar, ignorar o mantener bajo llave los hechos que no ayudan. En tercer lugar, volví a aprender una vieja lección de mi profesor de octavo curso de la escuela dominical. Solía advertirme de que tus enemigos nunca son los que te causarán más dolor en la vida, sino los que dicen ser tus amigos. Los presidentes de comités republicanos continuaron sus propias investigaciones sobre Bengasi a pesar de que el presidente de la Cámara, Boehner, había creado un comité selecto. Incluso publicaron sus propios "informes", a pesar de que Boehner había pedido al comité selecto que escribiera el "recuento definitivo de lo sucedido".

Las investigaciones, como hemos visto innumerables veces desde Bengasi, son microcosmos del entorno político más amplio. Un día un miembro exige acceso a todos los documentos y testigos pertinentes, y al día siguiente ese mismo miembro hace todo lo que está en sus manos para ocultar, oscurecer o minimizar el acceso a todos los documentos y testigos pertinentes. Un día un miembro vota a favor de acusar a alguien de desacato al Congreso por no cooperar con una comisión parlamentaria y, al día siguiente, ese mismo miembro vota en contra por hechos casi idénticos debido a la identidad de la persona que oculta información. Un día un miembro del Congreso se lamenta de la deuda nacional y del déficit y, al día siguiente, ese mismo miembro vota a favor de aumentar el déficit y la deuda.

Nos hemos convencido de que el futuro del país depende de quién controle la Cámara de Representantes o el Senado, y cuando uno se convence de eso, no hay límites a lo que está dispuesto a hacer para ejercer ese control. Es el relativismo en su forma más pura y letal. Y no hay árbitro que lo oficie. Los votantes pasan por alto las deficiencias dentro de sus propias filas porque es vital que "nosotros" ganemos, seamos quienes seamos. Los miembros, durante una temporada, enterrarán las diferencias entre ellos porque es vital que "ellos" ganen, y dejen de estar en minoría. Una vez conquistada la "mayoría", comienzan las luchas internas.

En cuanto a los medios de comunicación, su versión de la victoria se mide en *clicks*, suscripciones, menciones, *likes*, primicias e influencia. Los medios ganan si hay peleas, asperezas y partidismo. Los medios ganan si hay filtraciones, aun de información clasificada. La mayoría de los miembros de los medios de comunicación son inelegibles. De modo que hacen la siguiente mejor opción, que es tratar de influir en quién sí es elegible.

Cuando me eligieron para el Congreso, preveía desacuerdos y batallas con el partido político contrario. El viento en contra de los medios de comunicación fue un poco imprevisto, pero eso era en gran parte por mi culpa. La variable con la que más me equivoqué en esas dos primeras legislaturas fue la de la lucha intestina: las batallas entre republicanos y republicanos, y el papel que desempeñan las figuras mediáticas conservadoras, fuera del Congreso, sobre lo que los congresistas hacen en realidad.

Mi primer contacto con la lucha dentro del partido se produjo al principio de la segunda legislatura, exactamente "el mismo primer día" de la segunda legislatura: el día en que la Cámara vota para elegir su presidente, el Vocero de la Cámara. Para mí, la carrera por la presidencia fue bastante sencilla. En noviembre de los años pares, poco después de las elecciones, republicanos y demócratas se retiran a su respectiva reunión electoral, y designan cada uno a un candidato a Presidente de la Cámara. Funciona más o menos así: alguien anuncia su intención de ser nuestro candidato a Portavoz, se pronuncian discursos de nominación, hablan los propios candidatos, hay una votación secreta, se anuncian los resultados y, por lo general, alguien propone que sea unánime. Todo muy simple. En noviembre de 2012, John Boehner fue la única persona que levantó la mano, y se ofreció a ser nuestro candidato a presidente de la Cámara. Cualquier miembro de la Cámara podía haberse postulado, o cualquier miembro de la Cámara podía haber designado a alguien que no estuviera en la Cámara para que fuera nuestro candidato (no es necesario ser miembro de la Cámara de Representantes para ser Presidente de la Cámara). Equivale a unas elecciones primarias para determinar el candidato republicano a la presidencia. No todo el mundo está contento, o no todos están de acuerdo con la persona que obtuvo más votos, pero tenemos un candidato.

En enero de 2013, Boehner fue elegido presidente de la Cámara, pero se murmuró que debió haber sido otra persona. Doce miembros republicanos de la Cámara votaron por otra persona que John Boehner para presidente, a pesar de que había sido designado por unanimidad unas semanas antes. Y, por supuesto, esos votos a favor de otros candidatos a la presidencia fueron señalados por parte de la base republicana y amplificados por presentadores de programas de debates conservadores.

¿Qué sentido tiene tener una contienda en noviembre de 2012, que alguien gane esa elección, y luego ir a la Cámara y votar por alguien distinto al candidato que ganó? Lo único que haces es airear públicamente tu disputa familiar y ejercer un poder innecesario. Si quieres oponerte a alguien, hazlo cuando puedas de verdad provocar un cambio, no solamente cuando obtienes atención. Pero el asunto no es siempre, y ni siquiera a menudo, obtener un resultado diferente. A menudo se trata simplemente de fama. Se trata solamente de llamar la atención. Atención y recaudación de fondos van de la mano y la fama estaba a punto de convertirse en la máxima virtud política.

Durante mi segundo mandato (de enero de 2013 a enero de 2015) se sembraron las semillas de lo que más tarde se convertiría en el *Freedom Caucus* de la Cámara de Representantes. En noviembre de 2014, los republicanos celebraron otra elección interna, esta vez para lo que se conoce como la presidencia del Comité de Estudios Republicanos (RSC, por sus siglas en inglés). Había interés en presidir el RSC porque ese comité es un importante campo de pruebas para madurar leyes e ideas entre los republicanos y porque presidir ese comité puede a menudo conducir a otros cargos de liderazgo en la conferencia del GOP.

Mi amigo y colega de Carolina del Sur, Mick Mulvaney, se postuló; al igual que Bill Flores y Louie Gohmert, ambos de Texas. Obviamente, apoyé a Mick. Era y es un amigo al que le importaban mucho los temas y la política y era muy trabajador. Hizo una gran campaña buscando el apoyo de los miembros del RSC. Me pidió que contara sus votos el día de la votación y, aunque pensábamos que iba a ser una elección muy reñida entre él y Flores, al final no lo fue tanto: Mick perdió, y por mucho. Me sentí decepcionado por Mick. Hubo rumores de que la dirigencia había puesto el dedo en la balanza, pensando que podía ser más fácil trabajar con Flores que con Mick. No tengo idea de si es cierto o no, pero algunos miembros lo creyeron, y poco después un pequeño grupo de conservadores empezó a discutir la formación de una versión más pequeña del RSC, que se llamaría *House Freedom Caucus*, el grupo electoral Caucus de la Libertad de la Cámara de Representantes.

Los inicios de las luchas internas republicanas y la experiencia del Comité Selecto de Bengasi reforzaron mi apreciación de lo muy distinto que era este nuevo entorno de mi anterior trabajo como fiscal del estado. En el sistema judicial, el fin no justifica los medios. Ganar no es lo único que importa. La honestidad también desempeña un papel. Pero el Congreso era diferente.

Cuando te encuentras en un entorno que has calculado mal, o el entorno ha cambiado, o la definición que tienes del éxito o el crecimiento parece casi imposible de alcanzar allí, es hora de dejarlo. No estoy diciendo que evites las pruebas, las tareas difíciles o los retos; son cosas que pueden y suelen generar crecimiento. Pero las posibilidades de que cambies el entorno, sobre todo cuando es grande, no son muchas. Cuando eres honesto contigo mismo sobre lo saludable del entorno en que te encuentras y las probabilidades que tienes de cambiarlo de forma efectiva, debes plantearte seriamente dejarlo no sea que te impida alcanzar esa imagen final que tienes de ti mismo.

12

Arrepentimientos y recuerdos

A veces tomamos la decisión correcta, pero las cosas salen mal. A veces tomamos la decisión equivocada, y no pasa nada. Una decisión puede en retrospectiva parecer un error, pero tal vez estemos mirando la parte equivocada de la imagen. A menudo, con un cambio de perspectiva, podemos convertir nuestros remordimientos en recuerdos que nos guíen al entrar en el siguiente capítulo de nuestras vidas.

La penúltima pajita

A finales de 2014 volvía a casa en coche desde el aeropuerto de Spartanburg cuando me llamó el congresista Mick Mulvaney. Me dijo que no contestara al teléfono durante un rato. "Vale", pensé, "esa es una petición extraña, sobre todo para alguien que me acaba de llamar por teléfono". Mick no es propenso a los vuelos de la fantasía o el sensacionalismo.

—¿Puedo preguntar por qué? —le dije.

—Sí —respondió, —pero no te lo voy a decir. Algo va a ocurrir y no tienes por qué ser parte de ello. Eres amigo de muchos de nosotros, y eres amigo del liderazgo y no necesitas estar atrapado en medio de esto. Aquello sonó ominoso.

Seguí su consejo, pero la verdad es que nadie llamó. En los días siguientes nació el Freedom Caucus. Mick Mulvaney y Jeff Duncan, congresistas de Carolina del Sur con los que compartí condados, eran miembros fundadores. Parecía que se estaban trazando líneas de batalla entre la dirección del Partido Republicano de la Cámara de Representantes y un grupo de conservadores que querían llevar la conferencia más a la derecha. Los métodos tradicionales de argumentación, debate, negociación y relaciones no funcionaban y así nació el grupo que acabó derrocando al presidente de la Cámara, John Boehner, un año después, en otoño de 2015.

En enero de 2015, tuve el presentimiento de que mi tiempo en el Congreso podía estar llegando a su fin. El Comité Bengasi estaba en pleno apogeo, se avecinaba una carrera presidencial y se abrían fisuras dentro de la conferencia republicana.

Aun así, llegué al aeropuerto de Greenville, en Carolina del Sur, para volar a D.C. y juramentarme en mi cargo en el 114º Congreso de los Estados Unidos. Había una tormenta de nieve en la costa este y mi vuelo fue cancelado. Lamenté perderme la toma de posesión y tal vez lo que era aún más importante, también era el día de la votación para elegir al Presidente de la Cámara. Perderse votaciones no está muy bien, pero el mal tiempo es mejor excusa que quedarse dormido o jugar al golf, así que no sería el fin del mundo, pensé. Y entonces empezaron a llegar las llamadas: ¿Iba a llegar a tiempo para la votación del Presidente? Lo que empezó en 2013 como una leve insurgencia contra John Boehner estaba en pleno apogeo. El gabinete del presidente de la Cámara me estaba llamando. Pensé: "Si están llamando a miembros individuales para asegurarse de que asistirán y votarán, esto va a estar muy, muy reñido".

Como en la anterior elección por la presidencia, cualquiera que quisiera presentarse podía hacerlo. Nadie lo hizo, excepto John Boehner. Él fue el nominado, y yo no veía qué beneficio podría tener otro drama en el hemiciclo una vez designado. Una vez más, si quieren deshacerse de Boehner, háganlo en las elecciones primarias, no en las generales. Háganlo cuando nos reunamos como "familia" republicana a puertas cerradas, no cuando los únicos que se envalentonen sean los del otro bando. Pero para entonces la fama se había consolidado como máxima virtud política. No vas a salir en la televisión por cable criticando a Nancy Pelosi: hay demasiada competencia. Tienes que criticar públicamente a tu propio equipo si quieres abrirte paso en las noticias, y lanzar tu recaudación de fondos en la Internet. No te haces famoso oponiéndote al otro bando; te haces famoso luchando contra el suyo.

Aunque ese día manejé hasta Charlotte para intentar coger un vuelo a Washington D.C. a tiempo para la votación del presidente de la Cámara, no acabé votando a John Boehner para presidente de la Cámara en 2015 porque no llegué a tiempo. En su lugar, publiqué una declaración que redacté en mi teléfono en el aeropuerto diciendo que, de haber estado allí, habría votado por Boehner. Esa fue la decisión que menos gustó a mis electores en casa. Piénsenlo un segundo. Emití innumerables votos de 2011 a 2014, cada uno de los cuales estaba prácticamente garantizado que cada uno de ellos iba a hacer que alguien —probablemente mucha gente— se enojara. Pero el voto que más disgustó fue un voto que no emití porque no estaba allí. Boehner ganó con 216 votos, que son menos de la mitad de la Cámara. Esta vez 25 miembros republicanos de la Cámara votaron por otro que Boehner.

Hasta abril de 2015 no se calmó la furia en mi distrito. Cuando volví a casa para el receso de Pascua, y me reuní con los electores, solo uno sacó a colación mi "voto no votado" por Boehner de enero. Antes de eso, mi "voto no votado" había dominado cada reunión de distrito que tuve. Eso cumple con el promedio requerido para pasar a otra cosa, como el par de un hoyo en el golf. La gente está disgustada, pasa el tiempo, la ira se enfría, hay otras batallas que librar y seguimos adelante. Y todo el mundo siguió adelante... hasta justo antes del receso de agosto de 2015.

El receso de agosto es una época extraña en el Congreso. Algo siempre parece ocurrir precisamente antes de que nos vayamos a casa durante un mes para reunirnos con electores o celebrar asambleas públicas. Por ejemplo, para cambiar la conversación sobre lo que hacen los demócratas, y hacernos la vida miserable, a algún compañero republicano se le ocurre alguna prueba de pureza republicana. En julio de 2015, estaba sentado en mi escritorio en el Edificio Rayburn de las oficinas de la Cámara, cuando llamó Kevin McCarthy. Se rumoreaba que alguien iba a presentar una resolución preferente para destituir al presidente de la Cámara y hacernos votar de nuevo por John Boehner. Apenas habían cicatrizado las heridas de enero de 2015, estábamos a un año de una elección presidencial en la cual estaba en juego el control de la Cámara de Representantes, del Senado y de la Casa Blanca en la boleta electoral ¿y el mejor uso de nuestro tiempo era volver a litigar sobre el presidente de la Cámara?

Le dije a Kevin: "No puedo volver a hacer eso".

Kevin me dijo que intentaba evitarlo, pero que estuviera preparado para votar.

Dejé el teléfono, me dirigí a la computadora y comencé a tipear mi anuncio de que no volvería a presentarme al Congreso. Drama fabricado tras drama fabricado. Pensé que esta podía ser la señal definitiva que había estado buscando. No estaba seguro de poder sobrevivir a unas primarias republicanas al año siguiente después de haber votado por John Boehner para presidente dos veces en el transcurso de siete meses. Y no iba a quedarme para averiguarlo. "Anuncia que se acabó. No renuncies. No dimitas. No te retires. Simplemente hazle saber a tu distrito allá en casa que les vas a ahorrar la molestia de empujarte por la ventana. Saltarás tú mismo".

Ya había planeado que este sería mi último mandato. Hacía tiempo que lo veía venir. Ya no me gustaba la política y la investigación sobre Bengasi era implacable. Quería concluir esa investigación y luego no buscar la reelección. Pero

Bengasi no había terminado en ese momento, de modo que hubiera sido una tontería hacer mi anuncio mientras seguía intentando presidir un comité. En algunas líneas de trabajo, anunciar que te vas puede no tener consecuencias. Pero en política es otra cosa. A partir del momento en que anuncias que te vas, eres irrelevante, marginalizado y pronto olvidado. Es un trabajo muy transaccional. Si te vas, no puedes ayudar a los que siguen en el juego y, por tanto, dejas de ser relevante. Mi plan era terminar la investigación sobre Bengasi antes de marzo de 2016, que es cuando se abre la temporada de presentación de candidaturas al Congreso en Carolina del Sur. Terminar el trabajo me habían asignado, anunciar que no buscaría otro mandato, y dejar definitivamente el Congreso en enero de 2017, cuando el nuevo miembro del distrito se juramentara en el cargo. Ese era el plan. Pero dependía de que la investigación sobre Bengasi terminara a tiempo, y de que no se produjera ninguna emergencia entretanto. Continuar votando una y otra vez por el Presidente de la Cámara era una pesadilla política.

Le pedí a mi directora de comunicación, Amanda Duvall, que viniera a mi despacho. Era una magnífica directora de comunicación, pero aún mejor persona. Me importaba lo que pensara profesional y personalmente.

"Por favor, no hagas esto", fue su respuesta a lo que había escrito. "Así no. Eso es una reacción. Espera y hazlo en tus propios términos".

Yo respetaba su juicio enormemente. Pero no iba a tratar de sobrevivir a través de otra votación para la Presidencia de la

Cámara, y cada vez me sentía más frustrado —quizá incluso enojado— con aquellos republicanos que encuentran su voz más plena y fuerte cuando critican a otros republicanos. De todas las cosas sobre las cuales discutir mientras cada uno de nosotros está en su casa durante el mes de agosto, ¿en qué beneficia a los objetivos más amplios volver a debatir una votación sobre el Portavoz?

McCarthy volvió a llamarme, varias horas después de su primera llamada, con la noticia de que había conseguido evitar una votación sobre Boehner justo antes de que volviéramos a casa a nuestros distritos para el receso de agosto. El boceto de mi anuncio quedó listo en el cajón de mi escritorio. Pero no hizo falta. Al comienzo del otoño, Boehner anunció que se iba. Renunciaba a la presidencia de la Cámara y al Congreso.

Más adelante, en ese mismo otoño de 2015, estaba cenando con Tim Scott y le dije que no iba a volver a postularme en 2016. Llevaba casi cinco años fuera de casa, y estaba listo para volver a Carolina del Sur a tiempo completo. No prosperaba en un entorno de conflicto constante, sobre todo cuando ese conflicto se producía a menudo entre personas que se suponía que eran afines. El viento en contra, de los medios de comunicación, era cada vez peor. Las disputas internas empeoraban. No me gustaba estar en el Congreso, y estaba llegando a un punto en mi vida en el que quería darles prioridad a otras cosas.

Le conté a Tim la historia de Norman Starnes, un hombre de Lexington en Carolina del Sur, que mató a dos amigos, los enterró en una zona remota de Carolina del Sur, orinó sobre sus tumbas, y luego encabezó la búsqueda de los dos "desaparecidos". ¿Qué tiene eso que ver con el Congreso? Norman Starnes se representó a sí mismo en el posterior juicio por pena de muerte. Era su propio abogado, lo que significa que tuve que reunirme con él y con el juez muchas veces antes de que comenzara el juicio. Y una vez que el juicio comenzó, tuve que reunirme con él diariamente en el despacho del juez. ¿Han tenido últimamente una conversación con alguien que se proponen condenar a muerte? Y, sin embargo, no había aspereza. Había desacuerdos sobre la ley y la pertinencia de ciertos hechos, pero no las discusiones sin sentido en las que se ha convertido nuestro ambiente político moderno, y ciertamente, no había trucos solapados. Había, literalmente, más civismo en ese juicio por pena de muerte que en algunos aspectos del Congreso, aun tratándose de mi propia ala del pasillo.

Así que compartí con Tim el plan: terminar la investigación que me habían asignado para la primavera de 2016 antes de que se abrieran las postulaciones a la reelección, no presentarme a la reelección y volver a casa al final de la legislatura.

Tim dijo que lo entendía, pero me pidió que hiciera una cosa por él: rezar por ello. Le dije que lo haría, pero creo que nunca lo hice. Puede que le pidiera a Terri que lo hiciera, pero yo ya estaba decidido, y estaba seguro de que Dios entendería por qué alguien prefería estar en Carolina del Sur jugando al golf que preocupándose por los votos de los portavoces en Washington.

Comprendí la petición de Tim. Washington puede ser solitario y la política suele aislar. Tener un verdadero amigo es raro. Tim y yo tuvimos la suerte de no sólo tenernos el uno al otro, sino también de tener a Kevin McCarthy y John Ratcliffe, y Sheria Clarke, y Mary-Langston Willis Don y otros que eran verdaderos amigos, sinceros amigos. Aun así, había entonces —y sigue habiendo ahora— un vínculo entre Tim Scott y yo difícil de expresar con palabras. Así que, cuando nos acercábamos a las festividades de 2015, formuló mi decisión en términos muy personales.

Me dijo: "Yo me presento a las elecciones de 2016. Me estoy postulando para mi primer mandato completo como senador electo de los Estados Unidos. Te pido, como amigo mío, que te quedes un término más. Solo uno más. Presentémonos juntos, hagamos campaña juntos, sirvamos juntos a nuestro estado y a nuestro país una vez más. Y entonces te prometo que nunca más te pediré que vuelvas a hacerlo. Esta ciudad puede ser un lugar muy solitario. Mantengámonos unidos".

Tim Scott ha hecho mucho por mí, por mi familia y por nuestro estado. No quería volver a postularme en 2016. Pero como algunas decisiones deben tomar en cuenta los vínculos y los compromisos personales, lo hice de todos modos. Mantuvimos nuestra mutua palabra. No solo nos postulamos los dos en 2016, sino que hicimos campaña juntos, incluso debatiendo juntos con nuestros oponentes en las elecciones generales al mismo tiempo y en el mismo escenario. Y él cumplió su palabra, nunca más intentó convencerme de que no dejara el Congreso.

Finalmente dejar

Sabía que mi cuarto mandato en el Congreso iba a ser el último porque mi tercer mandato debía haber sido el último. Tim Scott era el único que sin ser miembro de mi familia sabía cuál sería el plan final. Y no podía anunciarlo a otro porque, como comenté antes, en cuanto tus colegas saben o perciben que dejas un cargo, cambia su forma de verte.

Rumbo a ese cuarto y último mandato, solicité un puesto en el Comité de Inteligencia de la Cámara de Representantes. Es el comité del Congreso al cual es más difícil entrar, pues se considera por lo general que lleva a cabo algunos de los trabajos más significativos de la Cámara. En el caso del Comité de Inteligencia de la Cámara no existe una comisión directiva. El Presidente y sólo él decide quién forma parte. El presidente Paul Ryan, quien sustituyó a John Boehner en otoño de 2015, me puso en ese comité como una especie de recompensa. El Comité Selecto sobre Bengasi había sido una asignación muy difícil, y creo que quería ofrecerme una menos controversial.

Cuando llevaba menos de un mes en esta nueva asignación "menos controversial" en el Comité de Inteligencia, se anunció que el comité investigaría si Rusia había interferido en las elecciones de 2016, y quién conspiró con ellos, si había sido el caso. Lo que había sido un comité no controversial pronto se convirtió en la nueva punta de lanza de la lucha política. El presidente del comité, Devin Nunes, iba a investigar lo sucedido y nos encargó a Tom Rooney, Mike Conaway y a mí que entrevistáramos a docenas y docenas de testigos. Era como si el destino dijera: "No me importa en qué comités estés o qué papel desempeñes en esos comités. La controversia, las asperezas y las luchas políticas internas, te seguirán allí".

Antes de anunciar públicamente que me iría al final de la legislatura y que no me presentaría a la reelección, les debía a Kevin McCarthy y a Paul Ryan la cortesía de decírselo. Sabía que Kevin lo entendería. Habíamos pasado mucho tiempo juntos y no cuestionaría la decisión. Era Paul quien me preocupaba. Pensé que haría algo parecido a lo que había hecho Tim, que era hacerme un llamado personal para que me quedara.

En enero de 2018, concerté una cita con Paul, y fui a verlo a su despacho. Le di las gracias por todo lo que había hecho por mí, y le dije: "No vuelvo a postularme".

Pensé que me diría: "Espera un momento, te elegí para la vacante en Inteligencia de la Cámara y ¿te vas después de un mandato? Te apoyé para presidente del Comité de Supervisión, ¿y te vas cuando te quedan cinco años de servicio? ¿Va a quedar vacante la presidencia del Comité Judicial de la Cámara de Representantes, y te vas? Fuiste uno de los que me convenció para que me postulara a Presidente de la Cámara, cosa que yo no quería hacer, ¿y ahora te vas?

Esa es la reacción que me temía.

No dijo nada de eso.

Me preguntó:

—¿Cómo supiste que era el momento adecuado?

Le respondí lo mismo que le había dicho a todos los demás:

—No me gusta, y no se me da bien.

Eso es suficiente para salir airoso de una conversación en un supermercado, pero no con el Presidente de la Cámara. La respuesta de Paul fue:

—No me digas que no se te da bien. Has presidido dos comités en menos de cuatro legislaturas. Conseguiste una presidencia en mucho menos tiempo que yo. Tuve que esperar años y años para conseguir la presidencia de Presupuestos. Eres de las pocas personas que me detengo a ver y escuchar cuando apareces en C-SPAN con un discurso de piso o un trabajo de comisión. No me digas que no eres "bueno" en eso.

—Okay, Paul. No me gusta y no quiero que se me dé bien. Aquí todo es relativismo. El fin justifica los medios. Tus amigos te traicionan. Los medios de comunicación son un viento en contra diario. No quiero que se me dé bien, ya no.

Hablamos de lo mucho que habían cambiado la política y el Congreso desde que él llegó por primera vez en 1998. Le recordé lo mucho que habían cambiado las cosas incluso en los escasos siete años que llevaba allí. Cuando me postulé al Congreso en 2009, leía todo lo que escribía Paul Ryan. Él tenía una hoja de ruta para la reforma de los derechos, tenía una hoja de ruta para la responsabilidad fiscal, y tenía una hoja de ruta para la reforma sanitaria. Irrumpió en escena cuando el Presidente Obama reunió a algunos miembros del Congreso en la Casa Blanca para celebrar una mesa redonda sobre la reforma sanitaria. Allí estaba este congresista de Wisconsin, de aspecto joven, defendiendo su posición frente al líder del mundo libre. Paul no necesitaba notas. No necesitaba a nadie que le susurrara al oído. Era el más listo de la clase, y los demás lo sabían.

Le recordé algo que ocurrió en mis primeros seis meses en el Congreso, mucho antes de que Paul y yo nos conociéramos bien. Teníamos por delante una votación polémica sobre una resolución presupuestaria a corto plazo. Mucha gente en Carolina del Sur, incluidos los líderes de varios grupos conservadores, se oponían a votar que sí, pero votar que no, significaba un cierre del gobierno, y para evitarlo los líderes del GOP en la Cámara abogaron por el sí. Había salido hacía pocos meses de un juzgado, y ahora estaba en medio de una difícil votación política que, con toda seguridad, disgustaría a la gente pasara lo que pasara, así que lo alcancé mientras caminábamos desde el Capitolio de vuelta al Longworth House Office Building, donde estaban nuestras oficinas. Sinceramente, no creo que supiera mi nombre. ¿Por qué iba a saberlo? Él era el chico más listo de la clase, y ni siquiera sabía que yo iba a la misma escuela.

—Tengo un problema en casa, y me preguntaba cómo usted lo manejaría —le dije, —muchos líderes conservadores de mi distrito quieren que vote no, pero usted y otros miembros de la conferencia recomiendan que vote sí. ¿Qué se supone que debo hacer?

Me dio algunas razones para votar sí y luego, cuando ya iba a subir las escaleras, me dijo lo siguiente:

—Dame los nombres de tus electores y los llamaré.

Escribí los nombres y números de teléfono de seis líderes conservadores de mi distrito en un papel y se lo llevé a su despacho. Llamó a cada uno de ellos para explicarles por qué recomendaba votar sí y al final de esas conversaciones, cinco de los seis recomendaban ahora ellos también el voto afirmativo. Al sexto no le importaba: simplemente apreciaba mucho que alguien como Paul Ryan se tomara la molestia de llamar.

Eso fue en 2011. En otoño de 2012, Paul Ryan era el candidato del Partido Republicano a la vicepresidencia de Estados Unidos. Más tarde presidió el Comité de Medios y Arbitrios, y luego aceptó el cargo de presidente de la Cámara de Representantes, aunque no lo quería.

Caramba, cómo han cambiado las cosas. Para mí él seguía siendo el chico más listo de la clase, pero la clase había cambiado. Ser inteligente ya no bastaba. En el momento mismo en que estaba sentado en su despacho diciéndole que yo no seguía, corrían rumores dentro de la Conferencia Republicana del Congreso de que un grupo pensaba que él no era lo suficientemente duro, no luchaba con la fuerza suficiente, o no peleaba a puño limpio. No creo que Paul Ryan hubiera cambiado un ápice en los siete años que yo había trabajado con él. Pero lo que algunos miembros de la conferencia republicana del Congreso querían, había definitivamente cambiado. No querían a Boehner. No querían a McCarthy. No querían a Ryan. ¿O acaso era sencillamente más rentable para sus propias ambiciones políticas oponerse a quienquiera que estuviera a cargo?

¿Cómo supe que era hora de irme? Cuando todo cambió. Cuando lo que antes se valoraba perdió valor. Cuando las expectativas de los colegas cambiaron, y no para mejor. Cuando la fama se convirtió en la virtud política única y definitiva.

Cuando salí del despacho de Paul Ryan sabía, o al menos presentía, que yo no era el único que iba a dejar la Cámara al final de la legislatura. Paul Ryan también se iría, pero lo anunciaría a su debido tiempo y a su manera. Y la dejó. Yo, presidente de un comité del Congreso, que también tenía un puesto muy codiciado en el Comité de Inteligencia, dejé la Cámara. Cosa aún más significativa, el Presidente de la Cámara de Representantes, tercero en la línea de sucesión a la presidencia, también la dejó.

Aduéñate de tus decisiones, aduéñate de tus arrepentimientos

Todos hemos oído gente decir alguna vez que "no se arrepiente de nada" en la vida. Me parece asombroso que la gente no encuentre nada en su vida que no volvería a hacer, haría mejor o de otra manera. Hay cierta arrogancia en creer que se ha vivido una vida sin tener que reconsiderar ninguna decisión.

Para mí, arrepentirse es una de las emociones humanas más universales. Los remordimientos son una parte natural de la autorreflexión. Para mí, no arrepentirse de nada implica falta de introspección. Me arrepiento de cosas que he dicho y hecho. Me arrepiento de cosas que no he dicho ni hecho. Me arrepiento de decisiones correctas que tomé por razones incorrectas y de algunas cosas que, francamente, quisiera volver a hacer del todo.

Uno de esos arrepentimientos es no haberlo hecho mejor en el bachillerato y la universidad. Me arrepiento por dos razones. La primera, es que hubiese sido un orgullo para mi padre. La segunda, por muy poco, es que tuve que dedicar gran parte de la vida a ponerme al día. Aun cuando se suponía que debía leer *El guardián del centeno* en bachillerato, no lo hice. Hay una época en la que aprender debería ser un empleo a tiempo completo, que es la época de la secundaria y la universidad. Todavía estoy intentando ponerme al día con los libros que estaba supuesto a leer cuando tenía tiempo para hacerlo. A mi edad, me quedo dormido leyendo *Buenas noches, Luna*, sin hablar de *Moby Dick*. Oh, haberlo leído cuando tenía diecisiete años. Bueno, es un libro bastante largo, quizás también me habría dormido entonces, ¿quién sabe?

La cuestión no es tanto si nos arrepentimos o no, sino en qué permitimos que se conviertan esos arrepentimientos. El arrepentimiento puede ser un maestro. Puede ayudarnos a ser mejores padres, esposos o amigos. A veces, el arrepentimiento puede incluso transformarse en lo que llamamos simplemente recuerdos, memorias de nuestro yo pasado que informan y mejoran al yo actual y al futuro.

No dejes que el arrepentimiento te abata y te llene de vergüenza, culpa o autocompasión. El pasado es lo único que tenemos garantizado que nunca podremos cambiar. Deja que te enseñe, que te recuerde cosas, que te inspire. No dejes nunca que el arrepentimiento te encarcele.

Cómo convertir el arrepentimiento en recuerdo:

- Sé sincero contigo mismo acerca de lo sucedido. No lo endulces, evites o niegues.

- Reflexiona sobre lo que aprendiste sobre ti mismo y/o de otros durante la experiencia.

- Borra de tu vocabulario el "si sólo". Esas palabras te mantienen en un patrón de pensamiento interminable que no lleva a ninguna parte. Sustitúyelas por "la próxima vez" o "ahora que lo sé".

No podemos aprovechar todas las oportunidades de la vida. Tenemos que decir que no a muchas oportunidades, y al hacerlo, dejamos esos caminos permanentemente en el espejo retrovisor. No debemos perder tiempo buscando caminos que ya no podemos tomar. Debemos centrarnos más bien en las lecciones que aprendimos en el camino que recorrimos.

Cuando consideramos decisiones pasadas, es casi imposible separar unos de otros los distintos hilos de la vida. Una mala decisión vocacional puede convertirse en una de las mejores decisiones relacionales de tu vida. Una mala decisión educativa puede resultar en una bendición espiritual. Para juzgar con justicia las decisiones que hemos tomado, debemos considerar todas las esferas y espectros de la vida.

La decisión de dejar la Procuraduría de Circuito fue la decisión correcta. La decisión de buscar una salida honorable, que no requiriera muchas explicaciones, fue probablemente también la correcta. No sabría decir, en retrospectiva, si postularme al Congreso fue la decisión correcta. Conocí a personas que serán mis amigos hasta el día de mi muerte. Conocí al hombre que dará el sermón en mi funeral. Conocí a las dos mujeres que leerán la Biblia durante el servicio. Conocí a gente con la que seguiré en contacto hasta que Terri me quite el teléfono móvil en el ancianato por hacer trampas en *Wordle*.

No puedo imaginar la vida sin algunas de las personas que conocí entre 2011 y 2019. Algunos eran miembros de la Cámara o del Senado. Algunos eran miembros del personal de los comités. Algunos eran camareros y camareras en restaurantes locales. Algunos eran policías que protegían el Capitolio. Y eso solo en el D.C. De vuelta en casa, en Carolina del Sur, conocí a gente que nunca hubiera encontrado si no hubiera estado en el Congreso: líderes empresariales, ciudadanos preocupados, estudiantes, gente que estaba de acuerdo conmigo en parte y gente que no lo estaba en absoluto.

Y, sin embargo, el papel en el que los conocí minó cualquier deseo de volver a estar en el servicio público. Me hizo aún más cínico con relación al gobierno y el discurso político y, especialmente, sobre los medios impresos de Washington. Una cosa es andar por la vida sabiendo quiénes son tus oponentes, cuáles serán las reglas del juego, y que un árbitro se asegurará de que las cosas sean justas. Otra muy distinta es cuando los golpes más duros te los dan los que llevan tu misma camiseta, cuando ganar por cualquier medio parece ser el único objetivo, y cuando el árbitro está parcializado. Esperemos que esos aspectos de nuestra política cambiarán algún día. Pero no es probable que suceda durante mi vida. Y aunque cambien durante mi vida, ya he terminado.

A veces tomamos la decisión "equivocada" en la vida, y sale bien. A veces tomamos la decisión "correcta" en la vida, y los resultados no son los que queremos o esperamos. Llamar a esto arrepentimientos es demasiado simplista. Es sólo un veredicto mixto. En el Congreso gané amigos para toda la vida y amor por nuestro país, y vi a personas que actuaban como amigos asestar los golpes más duros. En última instancia, perdí todo deseo de formar parte del gobierno de nuestro país.

No sé cómo llamarlo. Así que llamémoslo Congreso, y dejémoslo así.

13

Selectivamente egoísta

Tomar decisiones con base en fuerzas externas que puedan no tener en cuenta tu mejor interés te dejará perdido y solo. Son esenciales el consejo y asesoramiento de las personas que te conocen y te quieren. Ganarse la aprobación de la multitud —ya sean tus seguidores en las redes sociales, la empresa para la que trabajas, o conocidos que aún tienen que probar que son amigos— a expensas de ti mismo, de tu tiempo, tu energía y tu bienestar no suele ser una buena decisión. En última instancia, confía en ti mismo.

El valor del «egoísmo»

En enero de 2011, Tim Scott y yo apenas nos conocíamos. Recién llegados al Congreso, estábamos sentados en un restaurante de Washington D.C., y aun entonces me di cuenta de que algo pesaba gravemente sobre él. Es cauto y no confía rápidamente, pero pensé que al menos podía intentar ayudarlo.

Intentábamos navegar las primeras decisiones —comités, puestos de liderazgo, contratación de personal— al mismo tiempo, pero no necesariamente juntos. Al menos, no todavía. Y él tenía mucho más que hacer que yo.

Tim Scott, uno de los dos únicos republicanos afroamericanos de la Cámara en aquel momento y el más visible de todos los novatos de aquella clase históricamente numerosa, se veía arrastrado en mil direcciones diferentes. Era popular y los líderes tenían grandes planes para él. En el fondo, Tim se sentía presionado por las expectativas de los demás. Esa noche, durante la cena, se sentía abrumado por el peso de todo. Así que decidí ofrecerle un consejo no solicitado para ayudarle a ordenar las diversas opciones que tenía ante sí.

—¿Puedo hacerte una pregunta? —(¿Quién dice que no a esa pregunta?) —¿Cuántas de las personas que te piden que hagas cosas estaban contigo mientras llamabas a las puertas en el calor de Charleston el año pasado?

—Ninguna —dijo riendo.

—¿Cuántas de las personas que te piden que prestes tu nombre a esto o aquello saben lo que se siente al enfrentarse a adversarios bien financiados y de renombre?

—Supongo que ninguna —respondió.

—Tim, no dejes nunca que otras personas gasten el capital que tanto te ha costado adquirir. Te lo has ganado; gástalo tú. Si quieres hacer televisión, hazlo. Si no quieres, no lo hagas. Si quieres estar en un comité, hazlo. Si no, no lo hagas. No importa lo que hagas, sólo asegúrate de que eres tú, y no otros, quien gasta el capital por el que has trabajado.

Hay una diferencia entre ser un congresista republicano que resulta ser afroamericano y ser un congresista republicano afroamericano. Él quería ser congresista. Y punto. No quería liderar con otra cosa que no fueran sus credenciales ganadas a pulso. Otros querían utilizar su influencia y su imagen en su propio beneficio. En política, la gente te utilizará tanto como tú se lo permitas. Eso es cierto en muchos ámbitos de la vida, aunque puede manifestarse más sutilmente fuera de la esfera política.

Lo que Tim necesitaba era alguien que validara su apropiado egoísmo. El egoísmo es algo que se nos enseña a evitar. Pero cuando se trata de tu nombre, tu visto bueno, tu imagen, debes ser egoísta. Haz lo que te lleve al argumento final que imaginas. Toma decisiones de acuerdo con tu interés y el de tus seres más queridos. En la medida de lo posible, no busques la aprobación de la galería.

Señalaría esta cena de enero de 2011 como el inicio de lo que se convirtió en una de las relaciones más trascendentales de mi vida. Cuando alguien te confía el don de proporcionarle consejo y asesoramiento, le debes un consejo que redunde en su propio beneficio, no en el tuyo ni en el de nadie más. Así es como consigues confidentes de confianza que te ayudarán a tomar decisiones. Y para que quede claro, aquella cena de enero de 2011 puede que sea la única vez que le ofrecí a Tim Scott un consejo que valiera la pena. Él, en cambio, ha sido uno de los asesores en los que más he confiado a lo largo de mi vida.

Hay algo hermoso en una relación en la que sabes que la persona que te ofrece consejo tiene en mente lo mejor para ti. Cuando encuentres a esa persona, mantenla cerca. A veces la gente te ofrece consejos que son buenos para ti y buenos para ellos. A veces, ojalá que rara vez, la gente te manipula ofreciendo consejos que en realidad sólo pretenden beneficiarlos a ellos. Eres afortunado si tienes a una persona en tu vida que, cuando acudes a ella, te da su consejo únicamente para tu bien.

Me resisto a decir que Tim Scott es un Natán, porque en realidad es un senador y, por tanto, se parece más al rey David (sin la conspiración para asesinar a Urías y el adulterio con Betsabé). Nuestra relación es probablemente más parecida a la de David y Jonatán: dos personas que intentan hacerse camino en la vida y están dispuestas a hacer casi cualquier cosa para ayudarse mutuamente.

La presión exterior vendrá de personas a las que quieres y de extraños. Vendrá de gente que necesita algo de ti y de gente que quiere verte fracasar. Pero ninguna de esas personas te conoce como tú te conoces a ti mismo, y tienes que recordártelo cuando te encuentres en una encrucijada. Ellos no tienen una visión completa de los deseos, consecuencias, sueños, cargas, riesgos, sentimientos y miedos que conlleva esta decisión; tú eres quien mejor conoce esas cosas. Nadie es un verdadero experto en tu vida excepto tú. Está bien pedir segundas opiniones, pero serás tú quien viva con los costos, beneficios y consecuencias de esas decisiones. Así que decide por ti mismo.

El experto en tu vida

Estaba sentado en el despacho de mi casa en Spartanburg, recién llegado a casa para el receso de agosto de 2011. Entró nuestro hijo Watson, que acababa de graduarse de bachillerato, y por la expresión en su cara me di cuenta de que algo le preocupaba. "Creo que Palo Alto está demasiado lejos de casa", —fue lo que salió de su boca. En Palo Alto está la Universidad de Stanford, donde íbamos a dejarlo para que empezara la universidad. En primavera habíamos visitado las instalaciones. El campus es precioso y Stanford tiene una gran reputación académica. Era la universidad de sus sueños... siendo "era" la palabra clave.

Me senté en mi despacho pensando en todo lo que él había sacrificado durante los primeros diecisiete años de su vida. Pensaba en los eventos sociales a los que no iba para poder estudiar. Pensaba en los viajes familiares que hacíamos, con él arrastrando esa mochila atestada de libros. Antes de que pudiera levantarme para tener una conversación del tipo: "¿estás seguro?" con nuestro hijo, su principal aliada entró a mi despacho para unirse a nosotros. Su madre hizo un análisis bastante sencillo de lo que acababa de ocurrir: "Puedes tener otra opinión, pero él se ganó el derecho a decir que no".

Y no se me escapaba la ironía, porque ella había experimentado lo mismo en su propia vida y luego con nuestra hija, Abigail. Terri creció en el teatro con sus padres. Sabía actuar, cantar y bailar. Era una artista nata. Tenía todo lo necesario para una carrera en el escenario, excepto el deseo.

Así que, por supuesto, como Dios tiene sentido del humor, le envió una hija que podía igualar a su madre en términos de habilidad teatral. Abigail participó en obras de teatro escolares y comunitarias desde muy joven. No sólo no le molestaba actuar ante multitudes, sino que disfrutaba con la presión de las actuaciones en directo. Abigail podía haber hecho lo que hubiera querido en la escuela o en el teatro comunitario, y lo hizo. Hizo exactamente lo que quería. Decidió dejarlo. Dejó de actuar. Como padres, nos preguntamos si debíamos presionar a nuestros hijos, obligarlos a utilizar su talento. Nos preguntamos por qué Dios o la genética le habrán dado a alguien una habilidad sólo para que la desaproveche. Y entonces uno recuerda que el hecho de que los demás piensen que eres bueno en algo es muy distinto a que a ti te guste ese algo.

No sé si debería haber tratado una vez más de hacer que Watson fuera a Stanford. Eligió Clemson, se especializó en Filosofía y lo disfrutó un montón, luego se licenció en leyes y no parece arrepentirse de nada. Al fin y al cabo, es su vida. No sé si Terri y yo deberíamos haber "obligado" a Abigail a participar en más teatro, cantar más a menudo o aprovechar sus dotes de actriz. Sé que se graduó en la universidad y la escuela de leyes y que pronto se embarcará en una carrera como abogada litigante, lo cual supone actuar y desempeñarse en público en un escenario diferente. Y sé que cada vez que ella piensa que necesita algo de dinero, yo soy testigo de una de las mejores actuaciones de la historia del mundo.

Podríamos presionar y engatusar a nuestros seres queridos para que tomen tal o cual camino, pero al final del día, ellos son los dueños de sus propias decisiones. Estoy orgulloso de mis hijos por no cumplir con los deseos de sus padres cuando eso significaba sacrificarse a ellos mismos en una manera que ellos no deseaban, aun cuando nosotros tuviéramos lo mejor para ellos en mente. Sus decisiones eran las correctas para ellos, no para nosotros.

Y hay en esto una lección para todos nosotros. De vez en cuando la gente no estará de acuerdo con una decisión que hayamos tomado. A veces, todo el mundo estará en desacuerdo con una decisión que hayamos tomado. Hay una categoría de toma de decisiones en la que he adoptado un mantra: "probablemente tengan razón, y tal vez me arrepienta de esta decisión, pero me gané el derecho a equivocarme". Nuestro hijo se ganó el derecho a ir a la universidad que él quisiera, no a la que su padre le había escogido. Nuestra hija se ganó el derecho a poner fin a su carrera teatral. Después de todo, la que tenía que subir al escenario era ella, no yo. Yo me gané el derecho a dejar un empleo que alguna gente nunca habría dejado voluntariamente. Es tu vida. Y aunque debes esforzarte por tomar las mejores decisiones y confiar en el sabio consejo de quienes tienen en cuenta tus mejores intereses, de vez en cuando está bien decir: "me gané el derecho a equivocarme".

La imagen final que otro tiene de ti

Poco después de que Donald J. Trump ganara las elecciones presidenciales de 2016, recibí una llamada de Tim Scott.

Apenas podía pronunciar las palabras porque estaba embargado por la emoción: "esta es nuestra oportunidad, ahora por fin vamos a poder hacerlo; vas a poder estar en la Corte de Apelaciones del Cuarto Circuito". No pude evitar recordar el cuento de mi padre acerca de Donald Russell, el hombre que da nombre al juzgado de mi ciudad natal. Él había llegado hasta la Corte de Apelaciones del Cuarto Circuito. Era el pináculo de la carrera de un abogado. Era la cima de esa pirámide en la que yo solía pensar.

Claro, la confirmación sería dura. Es difícil quitarse la D o la R y pasar de la política a la judicatura, pero había un número sorprendente de demócratas a favor del nombramiento en Carolina del Sur. Las piezas nunca podrían estar mejor colocadas. Un presidente republicano, un Senado controlado por los republicanos, dos senadores que lo apoyaban en su estado natal y dos vacantes en la Corte de Apelaciones del Cuarto Circuito. La simetría era ineludible. El niño que creció pensando que la carrera de Donald Russell era el pináculo de una vida bien vivida, tendría la oportunidad de estar en la misma corte en la que Donald Russell prestó servicio.

Lo único que faltaba era mi interés. Lo que antes había sido un sueño lejano y mi idea de lo que podía validar una vida bien vivida, ya no era lo que me motivaba. Hablando de salidas honorables, ¿qué podría ser una salida más "honorable" del Congreso que ser juez federal?

No eran sólo las expectativas del pastor de mi boda sobre mi vida las que habían cambiado, sino las mías propias. Después de la llamada de Tim, me di cuenta de que por fin había escalado la montaña más difícil de todas, que era desprenderme de las imágenes y expectativas que otros creaban de mí. Alguna vez soñé con ser juez federal. Dejé ese sueño donde debía haberlo dejado hacía tiempo: en el pasado.

En la versión piramidal de la vida, habría sido un buen remate. No tanto como Donald Russell, pero condenadamente bueno. Fiscal federal, procurador estatal, miembro del Congreso y juez de la Corte de Apelaciones del Cuarto Circuito. *Eso* compensaría por no aparecer en las páginas de mi anuario escolar. *Eso* sería mejor aún que lo que la predicción del pastor. Pero la pirámide se había esfumado.

Estaba en la cocina de mi casa de Spartanburg escuchando a mi asesor de confianza: Terri. Sí, una judicatura aseguraría una buena jubilación. Sí, sería seguro, porque no tendría que buscar clientes ni pagar nóminas. Pero había llegado a un punto en mi vida en el que las personas con las que trabajaba y las que me rodeaban significaban más para mí que lo que hacía. Personas, no cargos. Lo que hacía era menos importante para mí que con quién lo hacía. Quería estar rodeado de caras conocidas, aunque significara dar una clase en la universidad en lugar de ser juez. Prefería quedarme en casa, en Spartanburg, que viajar a Richmond, en Virginia, donde tiene su sede la Corte de Apelaciones del Cuarto Circuito, que juzga casos una vez al mes. Ya tenía lo que quería, que era una vida de la que mi esposa, mis padres y mis hijos pudieran estar orgullosos. Y más allá de eso, iba a dar clases en la universidad con Sheria y Mary-Langston, y a jugar al golf con mis amigos, y a quedarme en casa con Terri. Y todo eso por fin era suficiente. La seguridad financiera es genial. La paz no tiene precio. Lo que hacía para mantener a mi familia ya no era lo más importante de la vida. Quienes me rodeaban cada día, lo era.

Cuando imagines la fotografía final de tu vida —quién aparece en ella y qué has conseguido—, asegúrate de que sabes, sin sombra de duda, que eres tú quien la ha orquestado. Asegúrate de que cumple tu visión y no la de otra persona. Tú eres el autor de tu vida, así que asegúrate de que tus decisiones lo reflejen.

El Consejero de la Casa Blanca del presidente Trump, Don McGahn, llamó dos veces para asegurarse de que no estaba interesado. Luego llamó una última vez. Puedo llevarte al lugar mismo donde estaba de pie, pegado a una ventana para que no se me cayera la llamada del Consejero de la Casa Blanca.

Don me dijo:

—Vamos a tener que encontrar a otra persona para estos puestos, pero quiero estar absolutamente seguro de que ya no quieres esto.

—Gracias, Don —le contesté, —y por favor, hazle saber al Presidente lo agradecido que estoy, pero ya no quiero eso.

14

Al otro lado del punto

En la vida, perderás. Cometerás errores y tomarás decisiones equivocadas. Sufrirás dolor y pérdidas. Habrá quien te juzgue un fracasado o, peor aún, puede que fracases según tus propios criterios de vez en cuando. Cómo respondas a las consecuencias de tus decisiones es fundamental para tu argumento final. Sigue aventurándote, sigue intentándolo y asegúrate de que estás controlando el miedo y de que el miedo no te controle a ti.

Capítulo final

Así que aquí estamos, en el capítulo final de un libro que habla del capítulo final de la vida. Repetiré las advertencias. No soy un experto en tomar decisiones ni en sopesar y equilibrar factores que compiten. Y aunque lo fuera, ese hecho no les serviría de mucho a la hora de sortear las circunstancias de su propia vida.

En realidad, mi motivación para escribir este libro comenzó con la mala decisión de ir a la tienda con mi esposa y culminó en el ejercicio más catártico que podía haber emprendido: evaluar honestamente las decisiones tomadas a lo largo de la vida, junto con sus motivos inherentes, costos, beneficios y consecuencias. En esencia, a lo largo de este libro, hice lo que te imploro que hagas tú: hazte cargo de escribir tu argumento final.

Sabía que no debía ir al supermercado con Terri. Había tomado esa terrible decisión miles de veces antes, y cada vez había jurado no volver a hacerlo. Ella comete cada error posible en el supermercado. Establece contacto visual con los demás, lo que los anima a hablar. Parece interesada en sus historias y reacciona con entusiasmo a largas historias sobre hijos y nietos, lo cual los anima a seguir hablando. Se niega a colarse por los estrechos huecos que hay entre los carritos de los demás y habla entre dientes sobre la paciencia o esperar turno y cosas por el estilo. Así que no hacemos compras juntos.

Cuando fuimos juntos al supermercado, llegamos a un acuerdo. Podía ir conmigo, quedarse en la camioneta mientras yo entraba, y enviarme mensajes de texto continuamente a medida que "recordaba" cosas que necesitábamos pero que había olvidado anotar. Y podía descifrar lo que había escrito en su lista de compras en el caso probable de que no hubiera ningún experto en jeroglíficos en la tienda ese día. Su letra es preciosa, solo que ilegible.

Era un día normal de primavera a principios de 2021; todo lo normal que puede ser la vida durante una pandemia.

Allá fuimos. Estaba haciendo el registro de salida y empujando mi carrito de la compra hacia la puerta deslizante de cristal cuando una mujer mayor se me acercó y me dijo:

—Sé quién es usted, aunque tenga la máscara puesta. Usted es el fiscal de distrito.

—Sí, señora, solía serlo, pero ya no lo soy.

—¿Cuándo lo dejó?

No quería avergonzarla, así que le dije:

—Oh, hace poco.

Cuando de hecho, había pasado más de una década.

—Hizo un buen trabajo. Nos pareció que usted era justo.

Le di las gracias, me despedí de ella y salí por las puertas deslizantes hacia el estacionamiento en dirección a la camioneta.

Pero ella no había terminado. Me siguió y me preguntó:

—¿Qué hizo después de salir del juzgado?

Eso es difícil. La política es tan divisiva y yo no quería tener una conversación sobre Washington o líneas de partido, así que le dije:

—Pasé una pequeña temporada en otra rama del gobierno, pero estoy feliz de estar en casa ahora. Doy clases en una universidad local y practico un poco de leyes.

—¿No quería ser juez? —me preguntó.

Era muy astuta. Casi todos los abogados quieren ser jueces, ¿no es así? En especial yo, que llevaba casi toda la vida encaprichado con la judicatura federal.

—Sí, señora, creía que sí, pero ahora sólo doy una clase en una facultad y un par de cosillas más.

Seguimos hablando en el estacionamiento un buen rato, y ella terminó diciendo:

—Bueno, estoy segura de que encontrará algo más a lo que postularse, ¿no?

—No, señora, ya terminé con todo eso. Voy a quedarme aquí, en Spartanburg, con usted.

Cuando volví a la camioneta, mi esposa me preguntó:
—¿Con quién estabas hablando?

—No tengo idea, cariño. Nunca la había visto en mi vida y no capté su nombre.

—¿Qué quería?

—Nada, sólo hablar. Pensó que yo seguía siendo el fiscal, pero también dijo que le parecía justo, cosa que me gustó.

En el estacionamiento del supermercado me di cuenta de que mis decisiones en la vida ya no se basaban en la ambición. Estaban arraigadas en el deseo de tener algo más significativo que eso. Aquí estaba yo, sentado en una camioneta con la persona que amo más que a nadie en la vida, en la ciudad que amo más que a ninguna otra ciudad, y una mujer que nunca he conocido, quien a primera vista uno podría concluir que no tenía mucho en común conmigo, acababa de decir que yo era justo. Tal vez esas decisiones tomadas y no tomadas no fueron tan malas después de todo.

Hay signos de puntuación naturales en las distintas etapas de la vida. El final de la escuela secundaria marca el final de la adolescencia (signo de exclamación). El final de la universidad marca el comienzo de la edad adulta (signo de interrogación). Para algunos de nosotros existe el período de crianza de los hijos, que se solapa con la etapa vocacional de la vida (un signo de interrogación seguido de uno de exclamación). Está la muerte de un padre, cuando nos ponemos a pensar más en nuestra propia mortalidad (puntos suspensivos). Los hijos se van y llegan los nietos (punto y coma). Cada signo de estos es un marcador apropiado para reflejar la trayectoria de nuestras vidas. Dependiendo de tu propia experiencia vital, esos pasajes de la vida pueden incluir comas o puntos y coma, signos de exclamación, signos de interrogación o incluso guiones largos, pero no puntos.

Solo hay un punto.

Y no podemos ver lo que se escribe o se dice del otro lado de ese punto. Sin embargo, es lo que perdurará, por lo cual sería sensato influir en él todo lo que podamos. Deberíamos puntuar nuestra vida para que, cuando se ponga ese punto final, termine una frase completa precedida de un párrafo poderoso.

He vivido con miedo, y luego he obligado a ese miedo a moderarse a sí mismo hacia algo más sano llamado cautela. Luego vi cómo la cautela mejoraba tanto mi toma de decisiones como mi vida, mientras que el miedo había sido el injusto carcelero de ambas. Confundí títulos con trabajos, sueños con realidad y éxito con significancia, y emergí del otro lado a vivir con mayor claridad y cicatrices casi invisibles.

Acepté trabajos que debería haber obviado y dejé trabajos en los cuales debí quedarme, descubriendo que al final todo salía bien. He tomado la decisión correcta por las razones equivocadas, la decisión equivocada por las razones correctas y la mayoría de las veces me ha costado mucho distinguirlas. He perdido ganando y ganado perdiendo, aprendiendo la lección más valiosa de todas, que es: ¿quién puede definir esos términos en mi propia vida? Solo yo.

Todo lo cual me lleva al meollo del asunto: ¿por qué serás recordado y qué papel quieres desempeñar en ello?

Cuando presentes al mundo tu argumento final a través de las decisiones de tu vida, no confundas querer dejar un legado con preocuparte por lo que los demás piensen de ti. Preocuparte por la percepción que los demás tengan de ti y de tus decisiones sólo confundirá tu brújula interior. Un legado no consiste únicamente en que los demás vean el trabajo que has hecho y te alaben o critiquen; un legado es una vida construida en torno a un propósito que mejora el mundo que te rodea. Los comentarios de la gente pueden estimularte, animarte, verificar que vas por el buen camino o ayudarte a ajustar tu dirección, pero, en última instancia, si te conoces a ti mismo y tienes un profundo sentido del propósito en las decisiones que tomas, entonces el veredicto de tu argumento final será claro como el cristal.

Consejo para mí yo más joven

Seguro has visto alguna vez esas entrevistas a famosos en las que el entrevistador pregunta: "Si pudieras retroceder en el tiempo y hablar con tu yo más joven, ¿qué le dirías? "

Mi respuesta inicial a esa pregunta es: "mi consejo a mi yo más joven sería que se saltara esa entrevista cuando se la ofrecieran para no tener que responder a preguntas estúpidas sobre hablar con mi yo más joven".

Pero, en cierto modo, es la pregunta perfecta que debemos hacernos a nosotros mismos en los momentos cruciales de la vida. Nos ayuda a distinguir los fracasos percibidos y la diferencia entre arrepentimientos y recuerdos. Permite medir muy bien si nuestros errores nos definieron, nos impulsaron o nos frustraron. Nos recuerda que igual de importante que tomar decisiones es cómo pensamos sobre las consecuencias de esas decisiones.

Esto es demasiado simplista, pero sospecho que aproximadamente la mitad del mundo está motivada por el deseo de éxito y la otra mitad por el miedo al fracaso. Saber en qué bando se está puede ser liberador e instructivo. Yo tengo miedo a fracasar. Lo he identificado como mi fuente de motivación: el miedo a fracasar. Así que el miedo ha desempeñado un papel en mi toma de decisiones desde que tengo uso de razón. Quizá tú también vivas con miedo. Déjalo fluir. Déjalo susurrar. No dejes que te impulse ni que te grite. Si te has pasado la vida motivado por el miedo al fracaso, nada de lo que te diga o escriba cambiará esa situación. Pero te animo a que hagas lo que yo hice, que es alcanzar una especie de tregua con el miedo. Déjalo mirar, déjalo corregir, pero no dejes que escriba el capítulo final de tu vida.

Como ahora sabes, estuve a punto de abandonar mi primera —y habría sido la última— carrera política simplemente porque no quería ser un fracaso a gran escala en mi pequeña ciudad natal. En resumen, no me importaba que el mundo pensara que alguna vez había ganado, simplemente no quería que el mundo pensara que era un perdedor o que había fracasado.

Otro ejemplo de este miedo se produjo en lo que debería haber sido mi primera carrera política, pero no lo fue. Cuando terminaba el noveno curso y me dirigía al bachillerato, mi madre entró en mi habitación, se sentó a un lado de la cama, y me dijo:

—No te pido que hagas muchas cosas, ¿verdad?

—No, señora, —mentí (porque pedirme que fuera amable con mis tres hermanas durante todo un día era mucho pedir).

—Bueno, voy a pedirte que hagas algo y quiero que lo hagas por mí. Quiero que este año te presentes al consejo estudiantil del bachillerato Spartan.

Spartanburg High School era una gran escuela en 1980. Solo en mi año había cientos de estudiantes. Yo no era un gran atleta. No era un estudioso. No me consideraba parte del grupo popular (más bien uno o dos niveles por debajo del grupo que se consideraba "popular"). Por lo tanto, no era probable que me eligieran al consejo estudiantil.

Una cosa es simplemente saber en la tranquilidad de tu alma que no puedes hacer algo. En ese caso, puedes presentar a los demás la fachada de que tal vez sea posible, pero simplemente no te interesa lo suficiente como para lanzarte a ello. La apatía fingida es un camuflaje poderoso.

Es completamente distinto saber que no vas a tener éxito y que los resultados de las elecciones lo confirmen públicamente. Lo que yo sabía era que no iba a postularme al consejo estudiantil, ni ese año, ni ningún otro, y desde luego no en esa escuela.

No era simplemente miedo a fracasar. Claro que había reprobado antes (me vienen a la mente trigonometría y biología), pero eran fracasos privados. Lo que mi madre me estaba pidiendo que hiciera, habría sido un fracaso público. Y, en consecuencia, decidí no postularme para evitar el fracaso; decidí no correr ningún riesgo, salvo el de defraudar a mi madre.

Le di a mi madre todas las razones por las que no podía postularme. Le dije que "interferiría con el trabajo después de clase", y que "los miembros del consejo estudiantil tenían que llegar muy temprano por las mañanas y yo tenía la ruta de periódicos". Ella insistió. Se ofreció a idear un eslogan pegadizo o a ayudarme a crear carteles para la campaña. Se ofreció, en esencia, a ser mi primera directora de campaña. Podía ver en sus ojos y en su voz —y sobre todo en su decepción— que realmente quería que lo hiciera. No sé por qué era tan importante para ella, pero lo era. ¡Creo que en cierto modo habría estado más orgullosa de que yo formara parte del consejo estudiantil que de que estuviera en el Congreso!

La expresión de la cara de mi madre sigue grabada en mi mente. Es el primer recuerdo que tengo de haber herido el corazón de mi madre, aunque estoy seguro de que no fue la primera vez. Haber sido expulsado de la clase en kindergarten por arrancarle un libro de las manos a mi maestra, probablemente también la hirió. Pero ese momento, cuando se sentó en el borde de mi cama y me pidió que me postulara, es la primera vez que recuerdo haber defraudado a mi madre a sabiendas. Aún puedo sentir el peso de su tristeza. Mi miedo al fracaso prevaleció sobre lo que la persona que más significaba para mí en la vida quería que hiciera.

La decisión de renunciar a la política en Spartan High fue hace más de cuarenta años. El niño que prefirió decepcionar a su madre antes que arriesgarse a pasar vergüenza delante de unos adolescentes, creció. Y por el camino he tomado miles de decisiones, incluida la de postularme a cargos posiblemente de mayor jerarquía que el consejo estudiantil de una escuela local (aunque mi madre y quienes me leen puedan no estar de acuerdo con esa jerarquía).

¿Cómo se pasa de estar aterrorizado ante la perspectiva de que no anuncien tu nombre por los altavoces a la mañana siguiente después de unas elecciones escolares, a postularse a un cargo público contra dos titulares en unas primarias? El miedo a fracasar a un pequeño nivel en un único bachillerato palidece en comparación con los temores asociados a postularse a un cargo público del condado o federal. Y, sin embargo, me postulé a las segundas y evité la primera.

El cambio de comportamiento se produce cuando mudas la forma de definir el éxito y el fracaso y los separas de tu identidad. Sigo temiendo el fracaso público. Simplemente he redefinido lo que es el fracaso y he cambiado quién decide si he fracasado o no. Separé el fracaso de la derrota. Separé los fracasos episódicos del fracaso general. Si queremos tomar buenas decisiones, tan importante como definir el éxito es definir el fracaso.

El consejo que le daría a mi yo más joven, que evitaba el fracaso negándose a postularse al consejo estudiantil, sería: "Redefine el éxito y no dejes que el fracaso sea determinado por lo que perciben los demás". Fracasar es tomar decisiones basadas en el miedo. El éxito es aventurarse, competir, intentar, responder al timbre aunque el marcador no sea el deseado cuando suene el pitazo final. No es vergonzoso emprender un nuevo negocio y calcular erróneamente el mercado. No hay que avergonzarse por empezar en una universidad y terminar en otra. Debemos encontrar la manera de cambiar nuestra identidad de lo que hemos conseguido a los ojos del mundo, a lo que nos hemos arriesgado a hacer.

La definición de éxito debe venir de ti y, del mismo modo, tú y sólo tú puedes definir lo que es el fracaso. Para mí, hoy, el fracaso es vivir una vida intrascendente. Fracaso es no lanzarse nunca, no tratar nunca y no arriesgar nunca nada. Fracasar es no dejar huella en ninguna parte o, peor aún, dejar un legado de dolor a los demás. Fracasar es no tener un código de conducta con el que vivir tu vida.

Una de mis historias favoritas de la Biblia tal vez no sea la favorita de nadie más. Es la historia de un insurrecto llamado Barrabás. Se le menciona en los cuatro Evangelios después de que Jesús es arrestado. Poncio Pilato, el gobernador de la provincia romana de Judea que presidió el juicio de Jesús, no creía que Jesús fuera culpable de nada excepto quizá de inquietar a los líderes religiosos de su tiempo. Poncio Pilato no quería mancharse las manos con la sangre de Jesús ni una insurrección de la multitud, así que le dio la decisión al pueblo: podían liberar a Barrabás, una persona calificada de "preso notorio" y "homicida", o podían liberar a Jesús, un maestro y hacedor de milagros. Una justa política bastante clara: elegir a un asesino o al hombre que decía ser el Hijo de Dios. Excepto que la multitud eligió a Barrabás. Jesús perdió una elección popular, por así decir, frente a un asesino notorio y fue ejecutado sin llegar a los cuarenta años. Y, sin embargo, no hay nombre más venerado en la historia que el de Jesús. Aun apartando las creencias espirituales de cada uno, ningún nombre dejó más huella en el mundo que el nombre de Jesús.

Dietrich Bonhoeffer tampoco llegó a los cuarenta años. Fue ahorcado por los alemanes hacia el final de la Segunda Guerra Mundial. ¿Su crimen? Luchar contra el exterminio sistemático de un pueblo. Si buscas un lema que guíe tu vida, un código de conducta según el cual juzgar el significado de la existencia, tal vez sea lo que dijo Bonhoeffer: "Este es el final, para mí, el comienzo de la vida".

Para él, el final fue colgar de una cuerda rodeado de nazis y con los aliados a punto de liberar un continente. Bonhoeffer "perdió" antes de que llegara la liberación. Excepto que nada perdió. Su coraje y enseñanzas siguen motivándonos.

Martin Luther King, Jr. inició un movimiento no violento por la igualdad; fue encarcelado y tampoco había pasado de los treinta cuando fue asesinado. Es una de las figuras históricas más veneradas de todos los tiempos. Murió en el balcón de un hotel antes de poder ver los frutos de su sacrificio y su labor.

Tres hombres, ninguno de los cuales llegó a cumplir los cuarenta años, cambiaron el curso de la historia. Eso es el éxito según cualquier definición razonable. Murieron por actos de violencia. Murieron jóvenes. Pero la historia los registrará mientras haya historia.

El fracaso no puede ser simplemente perder. No puede ser sufrir. No puede ser abandonar. No puede subordinarse a un bien superior y renunciar a los adornos de una vida "exitosa".

El fracaso no es quedarse corto en el recuento de votos. No es ir a la cárcel. No es ir a la horca. El fracaso es quedarse quieto y no hacer nada mientras abundan las oportunidades de marcar una diferencia. Es atar el fracaso a tu identidad y permanecer inmóvil por indecisión debido a eso.

Steven Pressfield es uno de mis autores favoritos por muchas razones. Escribió un libro titulado *The Virtues of War*, en el que cuenta la historia del encuentro de Alejandro Magno entrando en contacto con alguien al que no le parecía apropiado incluir "Magno" como parte de su nombre.

Alejandro Magno quiso cruzar una pequeña pasarela; él iba en una dirección y un hombre sabio venía en la otra. No había espacio suficiente para ambos; uno tendría que ceder y retroceder. Uno de los hombres de Alejandro Magno le dijo, en esencia: "Abre paso. ¿No sabes quién viene? Es el hombre más poderoso del mundo, porque ha conquistado el mundo". A lo que el sabio respondió: "Entonces el hombre más poderoso del mundo debo ser yo porque he conquistado la necesidad de conquistar el mundo".*

Meditemos esto por un momento. "He conquistado la necesidad de conquistar el mundo". Él redefinió el éxito. Redefinió lo que significaba llevar una vida significativa. Redefinió el poder y la relevancia con una simple réplica.

A decir verdad, es probable que nadie que lea este libro —y ciertamente no la persona que lo escribe— será recordado durante el tiempo o la profundidad de Jesús, el pastor Bonhoeffer, el Dr. King o Alejandro Magno. No conquistaremos el mundo. Sugiero que nos conformemos con conquistar nuestra propia definición del éxito y, para ello, debemos conquistar también nuestra propia definición del fracaso.

Cada uno de nosotros ha "fracasado" y volverá a hacerlo, en el sentido de que nos quedaremos cortos en un resultado o en un negocio o en una partida de cartas. Decidiremos dejar algo por voluntad propia y también nos echarán. Empezaremos algo y no alcanzaremos todos nuestros objetivos. Nos quedaremos demasiado tiempo en un lugar y pagaremos las consecuencias. Pero si somos fieles a nosotros mismos y a nuestros valores, nada de eso se considerará un fracaso, porque nos aventuramos. Lo intentamos. Competimos.

---

* Steven Pressfield, *The Virtues of War: A Novel of Alexander the Great* (New York: Bantam Books, 2005). Traducción castellana, *La Conquista de Alejandro Magno* (Plaza & Janes, 2006).

Cuando llegue el momento

Espero que tu argumento final sea lejano todavía, espero que tomes cientos de miles de decisiones de aquí a entonces, y espero que ahora puedas tomar cada decisión con un poco más de confianza. Hay mil maneras de llegar a la escena final —tu mejor argumento final— y la ruta que elijas a través de tus decisiones de empezar, quedarte o dejarlo dictará la condición en la que estarás cuando llegues allí. Pero, eventualmente llegarás allí.

En mi caso, espero que la gente recuerde que intenté ser justo. Intenté ser un defensor eficaz de los que no podían defenderse por sí mismos. Veo una fotografía final con John Ratcliffe hablando con Ben Gramling de algo gracioso que pude haber dicho durante una partida de golf. Veo una última foto con mi familia y mis amigos más cercanos reunidos a mi alrededor. Oigo a alguien decir, como la mujer del estacionamiento: "Era justo".

Divertido y justo. Eso es todo lo que necesito ver o escuchar para pensar que tomé las decisiones correctas para mi vida.

¿Qué ves?

¿A quién oyes?

¿Puedes fijar ese destino en tu propia vida y tomar decisiones calculadas para llegar allí?

No puedo responder a ninguna de esas preguntas por ti, ni puedo establecer las expectativas correctas para tu vida. Tienes que conocerte lo suficientemente bien como para decir sí, no, tal vez o no ahora a las oportunidades que se te presentan en la vida.

Nunca me he cruzado con Alejandro Magno en una pasarela. Me he cruzado con la versión más joven de mí mismo. El viejo Trey dijo: "Todo irá bien si tienes un plan y un propósito, y si empiezas con la vista puesta en el final".

El joven Trey dijo: "¿Por qué has tardado tanto en darte cuenta?"

Deja lo que conoces

Tomar la decisión de dejar algo suele ser muy agotador y desafiante. A veces nuestra decisión de irnos gira en torno a nuestra salud espiritual, emocional o física. A veces lo dejamos porque el entorno en el que está no nos permite la mejora personal que nos gustaría. A veces dejamos algo porque al fin nos armamos de valor y la confianza para ser egoístas con el capital que hemos construido con nuestras vidas. Aunque la gente puede ver irse como renunciar o tirar la toalla, a menudo es el signo de un fuerte sentido de autoestima y conciencia. Al fin y al cabo tú trazas tu curso; no son otros los que dibujan la hoja de ruta según la cual vives. Irse puede ser necesario y liberador, y puede impulsarte hacia mayores y mejores oportunidades.

Aquí tienes tres preguntas para considerar mientras sopesas la decisión de dejar algo:

1. ¿Favorece tu situación actual el crecimiento y la mejora en tu vida?
2. ¿Cómo influyen en esta decisión tus decisiones pasadas y tus arrepentimientos?
3. ¿Sabes cuál será tu próximo paso o irte decididamente abrirá oportunidades que te llevarán hacia tu argumento final?

AGRADECIMIENTOS

Terri, Watson y Abigail, gracias por ser la alegría de mi vida.

Mamá y papá, gracias por valorar la educación y el trabajo duro y por dar a sus hijos más de lo que cualquiera de ustedes tuvo mientras crecía.

Laura, Caroline y Elizabeth, gracias por ser las mejores hermanas que cualquier hermano podría tener.

Gracias a las mujeres y hombres de la Oficina del Fiscal de los Estados Unidos, la Oficina del Procurador del 7º Circuito y las Oficinas del 4º Distrito del Congreso por su servicio a nuestro estado y país.

Esparcidos por las páginas de este libro verán a algunos de mis colegas favoritos del Congreso, pero quiero dar las gracias especialmente a Tim Scott, Johnny Ratcliffe y Kevin McCarthy. Cuando la gente me pregunta qué echo de menos del Congreso, respondo que a ustedes.

Gracias a las familias que confiaron en mí para llevar casos relacionados con sus seres queridos. Hay un vínculo forjado en el dolor y la pérdida que trasciende el tiempo y los cargos públicos.

Gracias a las mujeres y hombres de las fuerzas del orden por darme lo que siempre quise: un trabajo del que pudiera sentirme orgulloso al final de la vida.

Gracias a mis amigos, algunos de los cuales se mencionan en este libro y muchos de los cuales he tenido durante décadas, por la profundidad, amplitud y textura que añadieron a mi vida.

Gracias a Cindy Crick, Missy House, Mary-Langston Willis Don y Sheria Clarke por acompañarme durante tantos años.

Gracias a Esther Fedorkevich por decirme incansablemente que hiciera esto. Y a Tori Thatcher por hacer que el proceso fuera tan divertido.

Gracias a Mary Reynics y a todo el equipo de Crown Forum por darme la oportunidad de escribir sobre lo que realmente quería escribir, y no sobre lo que otros quizás esperaban que escribiera.

ACERCA DEL AUTOR

Trey Gowdy es el autor del bestseller nº 1 del New York Times *Doesn't Hurt to Ask* [Preguntar no hace daño] y *Unified* [Hermanados] con el Senador Tim Scott. Es el presentador del programa Domingo por la noche con Trey Gowdy en Fox News y de El podcast de Trey Gowdy. Gowdy fue congresista por Carolina del Sur durante cuatro mandatos. Antes de presentarse al Congreso, fue fiscal federal en su estado natal y fiscal de distrito en los condados de Spartanburg y Cherokee. Trey está casado con Terri Dillard Gowdy, maestra de primer grado en Spartanburg, Carolina del Sur.

Twitter: @TGowdySC
Facebook.com/RepTreyGowdy
Instagram.com/tgowdysc